作者简介

张元成，山西博物院院长，研究馆员。主要从事考古与文物的管理、保护和利用，以及博物馆管理和文化传播等工作。先后主持编撰图书20余种，策划展览30余个，其中多个展览荣获国家和省级奖项。2019年主持完成山西青铜博物馆的建设，其"吉金光华"基本陈列荣获第十八届（2020年度）全国博物馆十大陈列展览精品推介精品奖。

缪斯
MUSE
文库

本书由中国博物馆协会与腾讯基金会"腾博基金"资助

Glories of Bronze Age

山西博物院
基本陈列
策展笔记

张元成 著

浙江大学出版社
ZHEJIANG UNIVERSITY PRESS
·杭州·

图书在版编目（CIP）数据

吉金光华：山西博物院基本陈列策展笔记/张元成
著.—杭州：浙江大学出版社,2023.11（2024.10重印）
（中国博物馆陈列展览精品·策展笔记）
ISBN 978-7-308-23692-8

Ⅰ.①吉… Ⅱ.①张… Ⅲ.①博物馆－青铜器（考古）
－出土文物－陈列－策划－山西 Ⅳ.①G269.274.1

中国国家版本馆CIP数据核字（2023）第069813号

吉金光华

山西博物院基本陈列策展笔记

JI JIN GUANGHUA: SHANXI BOWUYUAN JIBEN CHENLIE CEZHAN BIJI

张元成　著

出 品 人	褚超孚
项目负责	陈　洁
策划编辑	张　琛　陈佩钰　吴伟伟
责任编辑	杨　茜
责任校对	曲　静
封面设计	程　晨
责任印制	范洪法
出版发行	浙江大学出版社
	（杭州天目山路148号　　邮政编码：310007）
	（网址：http://www.zjupress.com）
排　　版	浙江大千时代文化传媒有限公司
印　　刷	杭州捷派印务有限公司
开　　本	710mm×1000mm　1/16
印　　张	14.5
字　　数	209千
版 印 次	2023年11月第1版　2024年10月第2次印刷
书　　号	ISBN 978-7-308-23692-8
定　　价	88.00元

总　序

　　在社会主义文化强国建设的进程中，博物馆扮演着中华文明优秀成果守护者、传承者与传播者的重要角色。作为博物馆教育与传播的核心媒介，陈列展览成为博物馆守护文化遗产、传承中华文明、讲好中国故事的关键工作。好的陈列展览离不开好的策展工作。策展是构建陈列展览的过程，是通过逻辑和观念的表达，阐释文物藏品的多元价值，构建公众与遗产之间的对话空间，激发广泛社会价值与文化价值的思维和组织活动。博物馆策展的理论与实践水平，很大程度决定了陈列展览的思想境界、文化内涵、艺术品位与传播影响。因此，博物馆策展的学术研究和业务能力建设是提高博物馆陈列展览工作业务水平和影响效果的重要途径；某种意义上，也是促进我国博物馆事业高质量发展的关键所在。

　　"中国博物馆陈列展览精品·策展笔记"丛书的出版，正是源于对上述问题的思考。作为我国博物馆行业发展的协调者与促进者，中国博物馆协会长期致力于博物馆展陈质量建设和策展能力提升。在持续不断的摸索和实践中，许多博物馆同仁建议我们依托"全国博物馆十大陈列展览精品推介活动"，围绕一批业内公认的具有较大影响力与鲜明特色的获奖展览项目，邀请策展团队，形成有关策展过程和方法的出版物。在不断的讨论中，我们逐渐明确：这种基于展览策划的出版物，显然不同于博物馆中常见的对于展览内容及重点文物介绍的"展览图录"，而更适合被称为"策展笔记"。

　　所谓"策展笔记"，一方面，要聚焦"策展"的行动内容，也就是要透过展览看幕后，核心内容是展览从无到有的建设过程，尤其要重点讲述展览选题、前期研究、团队组建、框架构思、展品组织、形式设定、艺术表达、布展制作等当代博物馆展览策划的核心流程及相关体会。另一方面，要突出"笔记"的内涵风格。如果与记录考古工作的过程、方法与认识的"考古报告"相类比的话，"策展笔记"则是对陈列展览的策展过程、方法与认识的重点记录。与此同时，作为与"随笔""札记"等相似的"笔记"文体，也应带有比较强烈的主观性、灵活性和较高的自由度，宜以第一人称的口吻展开，重在呈现策展的心路历程与思考感悟，而不苛求内容体系的完整性与系统性；重在提炼策展的经验、理念、亮点，讲好值得分享的策展专业理论、专业精神、专业态度和专业手法等。我们相信，这样的"策展笔记"，不但可以作为文博行业了解我国文博系统优秀展览的"资料工具书"，也可以作为展陈从业者策展创新借鉴的"实践参考书"，还可以作为普通大众的"观展指南书"，帮助他们了解博物馆幕后工作，更好领略博物馆展陈之美。

丛书第一辑收集了 2019—2021 年度全国博物馆十大陈列展览精品推介的代表性获奖项目，覆盖全国不同地域，涵盖考古、历史、革命纪念等不同类型。由于缺乏经验借鉴，加之展览类型的多元性、编写人员构成的差异性等，在撰稿与统稿过程中，我们遇到了远超预期的挑战。这些挑战包括但不限于：如何平衡丛书的整体风格与单册图书的个体特色；如何兼顾写作内容的专业性特质与写作表达的大众性要求；如何将策展实践中的"现象描述"转化为策展理念的"机制提炼"，充分体现策展的创新点和价值点；如何实现从"报告思维"向"叙事思维"的转型，生动讲述策展的动人细节；如何在分析个案内容的同时对行业的普遍性、典型问题进行有效回应，发挥好优秀展览的示范作用；如何解决多人撰写所产生的文风不统一问题，提高统稿工作的质量和效率；等等。幸运的是，在各馆撰稿团队的积极配合下，在专家的有力指导下，我们通过设定指导性原则、确定写作指南、优化统稿与编审机制等途径，一定程度克服了上述挑战难题，基本完成了预期目标。

　　这套丛书的问世，离不开撰稿人、专家和编辑的辛勤劳动。我们衷心感谢北京鲁迅博物馆（北京新文化运动纪念馆）、中国人民革命军事博物馆、山西博物院、吴中博物馆、扬州中国大运河博物馆、杭州市萧山跨湖桥遗址博物馆、山东博物馆、湖北省博物馆、盘龙城遗址博物院、成都武侯祠博物馆、陕西历史博物馆、秦始皇帝陵博物院、和田地区博物馆等博物馆策展团队撰稿人的精彩文本。同时，我们衷心感谢南京博物院理事长、名誉院长龚良，复旦大学文物与博物馆学系主任陆建松，浙江大学艺术与考古学院教授严建强，北京大学考古文博学院教授宋向光，上海大学现代城市展陈设计研究院执行院长李黎，西安国家版本馆（中国国家版本馆西安分馆）副馆长董理，清华大学美术学院副教授李德庚等多位学者、专家的认真审读与宝贵的修改建议。感谢浙江大学出版社董事长、党委书记、总编辑褚超孚，以及社科出版中心编辑团队的细致审校和精心编辑，他们的工作为丛书的顺利出版提供了坚实的保障。浙江大学艺术与考古学院"百人计划"研究员毛若寒博士在这套丛书的方案策划、组织联络、出版推进等方面，用力尤勤，付出良多。此外，还有许多在本丛书筹划、编辑、出版过程中给予帮助的专家、老师，无法一一列举，在此谨对以上所有人员致以最真挚的感谢和敬意。

　　严建强教授在一次咨询会上曾对这套丛书给过一个很高的评价，认为它是当代博物馆专业化建设的一个重要的里程碑。对于这个赞誉，我们其实是有点愧不敢当的。我们很清楚，丛书第一辑的整体质量还有待提升，离"里程碑"的高度存在一定差距。但通过第一辑的编辑出版，我们为接下来的第二辑、第三辑的编写积累了经验、增强了信心。今后，我们会继续紧扣"策展笔记"作为"资料工具书""实践参考书"与"观展指南书"的核心功能定位，继续深化对于博物馆展览策展笔记的属性、目标、功能、内涵、形式等方面的认知，努力通过策展笔记的编写，带动全行业策展工作专业水平的整体提升。这虽然是一件具体的事情，但对构建博物馆传承与展示中华文化的策展理论体系和实践创新体系，推动博物馆守护好、展示好、传承好中华文明优秀成果，为博物馆事业的高质量发展、为建设社会主义文化强国不断做出新贡献，是很有积极意义的。我们相信，有全国博物馆工作者的积极参与，我们一定能把这套丛书做得更好，做成中国博物馆领域的著名品牌。

是为序。

刘曙光
中国博物馆协会理事长

引　言　悉心实现的承诺　001

　　一、缘起·历程　003

　　二、呈现·焦点　008

导　览　纷呈千年的光华　019

　　一、展览概况　020

　　二、逻辑架构　021

　　三、内容解读　023

　　四、亮点评述　063

策　展　跨越时空的对话　071

　　一、何以立展　072

　　二、何以呈展　107

观　展　蒙养沁润的回响　179

　　一、宣传推广　181

　　二、服务教育　192

　　三、观展反馈　203

结　语　续写美好的祈愿　215

　　一、情怀·收获　216

　　二、风采·探索　217

　　三、成长·启航　220

后　记　221

吉金光华

Glories of
Bronze Age

技艺

ACHI
TECHNI

莫范

NTS IN
ND ARTS

作为世界文明古国之一，
和风格端正是中国古代青

ARTS

　　博物馆的建筑往往是一座城市的文化地标，而博物馆的展览又是本地区历史、文化和艺术的浓缩和再现。博物馆的文化内涵是多元的，随着时代的进步，博物馆的公共职能也在不断增加。今天，博物馆已经成为城市的"文化名片""会客厅""学习的课堂""艺术的殿堂"……

　　山西博物院的青铜专题分馆——山西青铜博物馆，就是太原市的一处文化地标。它位于风景秀丽的汾河西岸长风文化商务区文化岛，与太原市博物馆共同使用一组建筑群（图 1-1）。这组建筑群由法国著名建筑师保罗·安德鲁设计事务所设计，设计灵感来源于中国的红灯笼元素，主体建筑由既相对独立又相互连通的 5 个高 24 米的椭圆台体组成，以中国红和青铜色为建筑外墙主色调，大家都形象地将其喻为"5 桶方便面"。博物馆与山西省科技馆、山西省图书馆、山西大剧院，以及太原美术馆等文化场馆毗邻。

　　山西青铜博物馆是有效利用现有文化场馆建设专题博物馆的一个成功范例。该项目自 2018 年 10 月启动，于 2019 年 7 月 27 日建成开放，"吉金光华"主题基本陈列也同时开放。

　　山西博物院这支团结奋进的团队在如此短的时间内完成既定目标，主要得益于各级领导及各有关单位的大力支持，也得益于团队组建、策展规划、文本创作、形式设计、施工管理等各个环节的精准衔接，优化的工作模式保证了项目内容的高标准实现。当然，建设过程中经历了很多困难和问题，也积累了一些处理难题的经验和教训，或可为类似的博物馆建设和基本陈列的设计施工提供些许借鉴。

图1-1　山西青铜博物馆远景

一、缘起·历程

　　我们为什么要建设一座青铜专题博物馆？在建设的关键节点又是怎么推进的、推进的效果如何？在这里，我们以重要的时间节点为线索，提纲挈领，讲述在这短短10个月的时间里，山西青铜博物馆从缘起到呈现，所经历的一个个不平凡的昼夜。

　　近年来，党中央将提高文化软实力、增强文化自信、提升中华民族凝聚力作为国家的重要战略决策。习近平总书记多次就文物工作做出重要指示和批示，总书记的讲话启迪大家：当今正是铸就中华文化新辉煌的黄金年代。一个博物馆就是一所大学校，是沟通历史和现在的桥梁，我们每个人都深感重任在肩，使命光荣。

2017 年，中共中央办公厅、国务院办公厅印发的《关于实施中华优秀传统文化传承发展工程的意见》明确提出：要传承和弘扬中华优秀传统文化，将"文化教育"贯穿国民教育始终。文化的传承需要载体，而博物馆恰恰是这样一个能够表征与传承文化的公共场所，是将文化教育融入生产生活的重要阵地。

山西地处黄河中游，是中华文明的重要发祥地，文化积淀厚重。青铜器是山西省的优势文物资源，但限于各种原因，山西一直没有打造出像四川的三星堆、浙江的良渚一样国内外驰名的文化名片。

多年来，山西博物院在做观众调查时发现，最受观众欢迎的文物是青铜器及其所代表的青铜文化，同样，观众们疑问最多的也是青铜器的功能、作用等。青铜器之所以受欢迎，是因为它的神秘性；之所以引起的疑问多，是因为我们的展示不充分，解读不深入。

在全国博物馆事业蓬勃发展的背景下，在山西建设一座青铜专题博物馆，是每位山西文博人的共同愿望。山西青铜博物馆暨"吉金光华"基本陈列的面世，回应了时代的需求。那么，是一个怎样的机遇使这一愿望变为了现实呢？这还要从 2018 年说起。

2018 年 10 月 2 日，时任中共山西省委书记骆惠宁同志在山西博物院参观"山西省打击文物犯罪成果宣传"展览时，面对山西丰富的青铜文物资源有感而发，提出了建设一座青铜专题博物馆的构想。他同时指出，要统筹规划，集中力量，握成拳头，打造核心竞争力，形成一个以青铜文化为主题的文化高地。

时任山西省人民政府副省长张复明同志随即在 2018 年 10 月 4 日召集相关单位负责同志和省城部分专家学者参加专题会议，围绕山西青铜文化价值，青铜博物馆建设的必要性、可行性及青铜博物馆的定位、选址、功能、展陈等问题进行了研究讨论。会议认为，在山西规划建设青铜博物馆具备核心要素和基础条件。

　　10月11日，骆惠宁同志再次对《部分专家关于规划建设山西青铜艺术博物馆的建议》做出"请组织国家级青铜器艺术和博物馆管理专家再论证一次"的重要指示。10月17日，张复明同志在太原主持召开了青铜博物馆规划建设专家研讨会，邀请了省内及全国青铜研究、艺术研究和博物馆管理等方面的专家参会，大家围绕青铜博物馆的定位、名称、藏品、选址和建设工期等建言献策，一致认为在山西规划建设青铜博物馆有条件、有资源、有优势、有前景，对于弘扬山西乃至中国灿烂的青铜文明与艺术具有重要的历史和现实意义。

　　据此，山西省委、省政府提出"整合省城重要文化设施建设，规划建设青铜博物馆，打造山西文化新高地，塑造山西文化新形象"的工作要求。山西省文物局立即落实相关要求，明确了建设高标准的国内一流专题博物馆的目标。为了深度学习丰富的中国青铜文化、借鉴兄弟省市相关博物馆成熟的办馆经验，11月间，张复明同志和时任山西省文物局党组书记、局长雷建国同志分别率队赴陕西、湖南、湖北、河南等省实地调研考察，得到了兄弟省市和各大博物馆的倾力相助。

　　同时，基本陈列思路的研讨工作也在有条不紊地开展，先后邀请了国内著名学者和博物馆行业的专家开展了多次研讨。经过反复论证，最终选择了上海大学徐坚教授的团队提交的文本设计思路，基本陈列主题也定名为"吉金光华"。

　　12月，山西省文物局确定由山西博物院负责筹建山西青铜博物馆，并成立了山西青铜博物馆筹建工作办公室，雷建国同志亲自担任主任，副主任由时任山西省文物局副局长宁立新和山西博物院院长张元成担任，下设行政组、财务组、人事组、文本组、陈展组、宣教组、修复组和监督组等8个工作小组，小组成员由山西博物院行政和业务骨干组成，正式开启了紧张的筹建工作。

　　2019年2月，在太原市委、市政府的大力支持下，山西省文物局与太原市政府就山西青铜博物馆的选址问题达成一致，双方签署了《关于山西青铜博物馆和太原博物馆共用太原博物馆馆址的协商备忘录》。山西青铜博物馆与太原博物馆共同使用一组建筑群，山西青铜博物馆展陈面积为 1.1 万平方米。

3 月，经与山西省财政厅多次协商论证，筹建预算确定为 1.05 亿元。4 月，经省财政厅批准，按照政府采购程序，确定了广东集美设计工程有限公司、北京清尚建筑装饰工程有限公司、金大陆展览装饰有限公司三家单位为陈列布展设计施工单位。同月，"吉金光华"主题基本陈列的展陈大纲通过专家终审，交付设计施工单位细化形式设计。其间多次组织专家学者对三家公司负责的各标段的深化设计进行了评审和修改。

5 月 10 日，雷建国同志组织召开了第一次筹建工作周例会，确定了各标段工期和责任人，拟定 6 月 25 日施工结束，具备开馆条件。随后三家公司全面进场展开施工布展工作。开馆筹备进入了倒计时。施工期间，各级领导多次亲临指导，现场协调解决疑难问题。

文物展品的筹集工作也在紧锣密鼓地进行。至 6 月，山西青铜博物馆已从山西省考古研究所和部分地市文物收藏单位接收了一大批十分重要的青铜文物。特别需要提及的是，山西省公安机关分两次向省文物局移交了打击文物犯罪追缴的文物共 2 万余件，其中的精品多为青铜器，成为山西青铜博物馆基本陈列的重要组成部分（图 1-2）。

与此同时，山西青铜博物馆在行政管理、设施设备、安全保障、保洁绿化、开放运行等方面的组织工作也在紧张有序地展开。经过了近 10 个月的紧张工作，山西青铜博物馆筹建工作办公室克服了时间紧、任务重的难题，圆满完成了这一重大任务。2019 年 7 月 27 日，山西青铜博物馆建成开放，"吉金光华"基本陈列也同时对外开放。

博物馆的开放，受到了社会各界的广泛关注和认可。有很多热心观众和专家学者提出不少建设性意见和建议。为了更深入地挖掘文化内涵，有效利用文物资源和科研成果，让文物"活"起来，讲好中国故事，讲好山西故事，山西博物院多次组织召开专家咨询会，邀请考古、博物馆等方面的专家学者研讨论证，

图1-2　山西公安机关第二次文物移交现场（2019年6月25日）

形成了完善提升意见，并根据意见制定了翔实的提升方案。2020 年 6 月 4 日开始，山西博物院对"吉金光华"基本陈列进行完善提升。在广泛收集意见和建议的基础上，紧紧围绕如何讲好故事和更加人性化服务两大原则，经过 3 个月的调整，完善提升后的山西青铜博物馆于 2020 年 9 月 18 日恢复开放。

二、呈现·焦点

博物馆是一种文化传播机构，展览则是博物馆文化传播最重要的形式，也是最核心的文创产品和科研成果。博物馆的公共服务系统（包括教育、服务、宣传、文创、安保等）都围绕展览来实现其功能，于是形成了以展览为核心、公共服务系统为辅助的博物馆特有的文化传播体系。没有展览的博物馆不叫博物馆；没有好的展览，博物馆就会失去其魅力。因此，策划有特色的高水平展览，直接体现着一家博物馆的综合实力。

山西青铜博物馆，顾名思义，是一座以青铜为主题的博物馆。中国的青铜文明博大精深，在中华大地上，许多地区都拥有地域特色鲜明的青铜文化，比如殷墟文化、三星堆文化、秦文化、燕文化、齐鲁文化、楚文化、巴蜀文化、吴越文化、滇文化、鄂尔多斯文化等，丰富多彩，不胜枚举，彰显出中国青铜文明"多元一体"的文化特点。

那么，作为山西地区一个青铜专题博物馆的展览，如何才能在中国青铜文明的宏大叙事体系下，彰显地域特色？山西的青铜文物资源能否支撑大型青铜专题博物馆的基本陈列？对于这一系列核心问题，我们通过"吉金光华"基本陈列交出了一份答卷。

（一）文物资源　深度解析

一个展览策划成功与否，首先取决于是否对相关文物资源进行了深层次研究。

距今 4000 年左右，中国进入青铜时代。中国的青铜时代最显著的特征是青铜器与"礼乐制度"相结合，形成了独特的"礼乐文明"。其文化内涵已深深融入中华民族的血脉之中，成为中华文明的重要组成部分。

青铜器是山西省的优势文物资源，与其他省份相比，山西省青铜文化有着较为鲜明的地域特色：一是体系完备，除了青铜器物，还有夏商时代的采矿和冶炼遗存、春秋战国之际的青铜器铸造遗存，彰显了中国早期文明发展的重大成就；二是序列完整，省内考古出土的青铜器涵盖了我国青铜文明发生、发展、繁荣和转变的各个阶段，能够系统揭示青铜文明的发展脉络；三是特色鲜明，山西出土的历代青铜器呈现了多元一体的文化面貌，在中华文明进程中具有特殊意义；四是影响深远，春秋战国之际，晋国生产的晋式青铜器产量大、流通广，对周邻甚至更远地区产生了深刻影响，北起辽宁、南至两广，均有晋式青铜器出土。

2018 年以来，山西省公安机关打击文物犯罪专项行动战果卓著，为保护文化遗产做出了重要贡献。山西省公安机关先后两次向山西省文物局移交文物达 2 万余件，为山西博物院提供了丰富的藏品资源。这也成为山西省委、省政府做出"集中优势资源，打造青铜文化专题博物馆"战略决策的重要支撑。

（二）目标清晰　定位明确

山西省处于转型发展的关键时期，正在"构建内陆地区对外开放新高地"，文化是转型发展的关键。因此，建设高标准、现代化的青铜专题博物馆，成为山西省委、省政府"整合省城重要文化设施，打造山西文化新高地，塑造山西文化新形象"文化强省战略的目标和重要举措。

我们在对山西青铜文物资源进行深度分析总结的基础上最终确定，专题陈列定名为"吉金光华"，定位为：立足山西特色青铜文物资源，通过多维度视角讲述青铜文明在中华文明发生和发展进程中的重要地位和特殊作用。

（三）主题凝练　特色鲜明

　　陈列展览是博物馆最核心的文化产品。展览的文化传播力有多强，文化传承的作用发挥得如何，关键在于展览这个核心文化产品的功能发挥得怎么样。在山西青铜博物馆筹建过程中，我们竭尽所能，倾力打造一个颇具特色的"吉金光华"基本陈列。

　　中国青铜文明的特质体现在作为政治性资源的青铜器集中而连续地表征了礼乐制度，而礼乐制度规范和影响了社会生活的方方面面，成为中国传统文化的核心和精髓之一。

　　山西在中国青铜文明史上具有重要地位。山西青铜器既表现了早期中国多元文化的交流与融合，也系统而完整地体现了先秦礼乐制度的成熟和定型，更新了我们对早期中国文明的认知。

　　"吉金光华"基本陈列的框架结构凝练为5个专题，即3个实物展示专题和2个互动教育专题，以山西博物院馆藏青铜器为基础，通过青铜器与国家、制度和技艺的多维度视角，诠释中国青铜时代的发展历程和辉煌成就，反映出青铜文明在中华文明体系中的重要作用（图1-3）。

　　"华夏印迹"专题，以历史为脉络，以晋地出土的青铜器为切入点，阐释青铜文化在中华文明发展进程中的历史作用（图1-4）。"礼乐春秋"专题，以华夏礼乐制度为中心，阐释青铜器在中华礼乐文明形成、发展中的地位与作用（图1-5）。"技艺模范"专题，以侯马晋国铸铜遗址为重点，以青铜铸造体现的社会变革和先进生产力为中心，讲述青铜器在当时经济、社会发展中的作用（图1-6）。

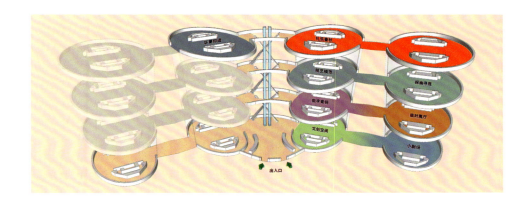

图1-3　山西青铜博物馆平面示意

　　这三个专题从不同的角度阐释了青铜文化发生、发展的内涵,既独立成篇,又相映成辉。

　　"吉金光华"基本陈列专门设置了"探幽寻胜"和"数字青铜"两个互动教育专题。"探幽寻胜"专题将动手体验和互动游戏相结合,让观众多感官体验青铜文化的奥秘,实现了文物当代价值的转化(图1-7)。"数字青铜"专题借助数字化多媒体技术,普及青铜知识,让文物"活"起来(图1-8)。两个专题甫一亮相就成为广大观众特别是青少年群体打卡的热点区域,带给观众难忘的博物馆之旅。

图1-4   "华夏印迹"专题（上）

图1-5   "礼乐春秋"专题（下）

图1-6 "技艺模范"专题（上）
图1-7 "探幽寻胜"专题（下）

图1-8 "数字青铜"专题

（四）突出解读 贴近生活

青铜时代已经远离了我们的生活，青铜器的角色和功能已失去原有的意义。如何让公众理解青铜文明从哪里来、价值在哪里？如何让现在的人去读懂青铜文明，如何更好地传承中华优秀传统文化？

自筹建伊始，省政府及省文物局领导亲自带领核心团队外出考察，学习兄弟省市博物馆的经验，同时我们也很荣幸地邀请到全国文博界几十位考古、博物馆、历史文化、陈列艺术和文物保护等方面的专家学者来山西指导，以更好地为公众阐释青铜文明。

青铜博物馆开放以来，围绕如何让青铜文化"活"起来、更精彩，我们用了半年时间向社会公开征求意见，很多热心的社会各界人士提出不少建设性意见和建议，我们也在方案的完善提升中进行了充分的整改。

可以说"吉金光华"基本陈列汲取了众多专家的学术精华，融汇了众多学者的思想智慧，凝聚了热心观众的心血付出，才保证了展览的科学性、准确性和趣味性，受到了社会各界的广泛关注和普遍认可。

"吉金光华"基本陈列基本囊括了山西多年来和青铜有关的重大考古发现，比如晋侯墓地、侯马晋国遗址、赵卿墓、横水倗国墓地、大河口霸国墓地等。尤其是近年来的重大考古发现，如荣获"2018年度全国十大考古新发现"的闻喜酒务头商代墓地，荣获"2019年度全国十大考古新发现"的绛县西吴壁冶铜遗址等，我们将这些新发现及时纳入展览体系并进行重点展示。

打击文物犯罪中追缴移交的文物成为基本陈列的重要组成部分，为博物馆展览展示提供了展品支撑。"吉金光华"基本陈列精选了500余件追缴移交的青铜文物，将其科学合理地融入展览体系，丰富了展览的内涵和外延，大量丢失来源信息的文物得以发挥其价值，一批明星文物的追缴故事构成了另一条引人入胜的展览线索。

观众看得懂是博物馆展览贴近社会、贴近大众的重要追求。我们将展览的目标人群定位为普通观众，文字难度以中学生阅读水平为准，对所有生僻字和古字进行注音，并增加大量地图和示意图，将高深的学术成果转化为通俗易懂的科普知识，使观众更容易理解丰富的展览内容。

众所周知，很多中国人耳熟能详的历史成语和典故与晋国及三晋有关，这也成为展览重要的切入点。我们通过场景营造、铺陈展板和绘画展示等方式，将历史典故、成语故事、历史事件串联起来，增强了展览的趣味性、可读性，拉近了展品与观众的距离。观众可以通过一个个故事见微知著，了解历史脉络，这也是"吉金光华"基本陈列的特色之一。

在展线设计上，针对多元化的观众特性和参观目的、考虑到具体环境限制，以常规展线为核心，又策划出少儿展线、可触摸和视觉障碍者展线等，形成多元交错的展线体系。

空间与形式设计中注重展品的组合展示与主次把握，强调空间布局的节奏感，使参观更为舒适。以赵卿墓车马坑为代表的复原式展示，既呈现了遗迹的原始信息，还将其所处时代的历史语境有效地传递出来，观众可以徜徉其中，品读历史的韵味。

青铜文明是一个博大的主题，对其深度阐释和适度展示是一个极具难度的挑战，"吉金光华"做了一次积极的探索。下面，我们来抽丝剥茧，详细地剖析"吉金光华"策划实施的台前和幕后，与广大博物馆同仁和爱好者共同见证我们的成长，无论是经验还是教训，希望对大家都有所裨益。

吉金光華

Glories of
Bronze Age

一、展览概况

山西青铜博物馆的基本陈列名为"吉金光华"，展示面积为 1.1 万平方米，展线长 2400 余米，总投资 1.05 亿元，每平方米造价约 9260 元。制作图文板 210 余块，青铜仿制品、雕塑、场景、沙盘、绘画、模型、盲文说明牌及视频等辅助展品 30 余组、100 余件。展出文物 1450 余件（组），其中珍贵文物 980 余件，占全部展出文物的 67.6%。展出文物主要来自历年考古发掘出土和近年公安机关打击文物犯罪追缴的珍贵文物，荟萃了三晋青铜文物精华。在山西历年的考古成果中，大规模出土青铜器的著名遗址有：灵石旌介商墓、闻喜酒务头墓地、曲村—天马遗址及晋侯墓地、侯马晋国遗址、太原赵卿墓、翼城大河口霸国墓地、绛县横水倗国墓地等。这些考古成果曾引起社会公众的广泛关注，大家都十分期待来自这些遗址的经典文物得以集中展示。

展览设计制作由广东集美设计工程有限公司、北京清尚建筑装饰工程有限公司和金大陆展览装饰有限公司等三家单位共同完成。自 2019 年 7 月开放以来，博物馆赢得了社会各界和业内人士的广泛好评。2021 年，"吉金光华"展览荣获第十八届（2020 年度）全国博物馆十大陈列展览"精品奖"。

"吉金光华"展览主旨为紧紧围绕山西特色青铜文物资源，通过多维度视角讲述青铜文明在中华文明体系中的重要地位和特殊作用。"吉金光华"取"吉金著史，光耀中华"之意，即以山西特色青铜文物资源，讲述中国青铜文明的故事。序厅中"吉金光华"四字金文标题出自著名青铜研究专家、北京大学徐天进教授的手笔（图 2-1）。

图2-1 "吉金光华"序厅

二、逻辑架构

      "吉金光华"基本陈列由"华夏印迹""礼乐春秋""技艺模范"三个实物展示专题，以及"探幽寻胜"和"数字青铜"两个互动教育专题组成，在遵循同一主题的前提下，考虑了各专题的独立性。"华夏印迹"侧重于历史讲述；"礼乐春秋"着重讲礼制文明；"技艺模范"帮助观众了解古代高超的范铸技艺及其成就。两个互动教育专题主要以互动的形式引导观众探索青铜器的奥秘。整个展览以讲述中国青铜文明为目的，五个专题既独立成篇，又相映成辉。我们将"吉金光华"基本陈列的展览框架目录罗列如下，能够直观地看到不同专题和不同单元间的逻辑关系。

前　　言

第一专题　华夏印迹

　　　　第一单元　青铜先声

　　　　第二单元　率土内外

　　　　第三单元　赫赫晋邦

第二专题　礼乐春秋

　　　　第一单元　钟鸣鼎食

　　　　第二单元　我武惟扬

　　　　第三单元　立身以礼

　　　　第四单元　礼通四方

　　　　第五单元　赵卿之制

　　　　第六单元　古韵新风

第三专题　技艺模范

　　　　第一单元　冶石成金

　　　　第二单元　殊途同工

　　　　第三单元　执简驭繁

　　　　第四单元　铸物象形

　　　　第五单元　错彩镂金

第四专题　探幽寻胜

　　　　第一单元　青铜器发现

　　　　第二单元　青铜器记录

　　　　第三单元　青铜器保护修复

　　　　第四单元　器型认知

　　　　第五单元　青铜艺趣

第五专题　数字青铜
　　　　　第一单元　时空走廊
　　　　　第二单元　鉴影度形
　　　　　第三单元　旷野奇缘
　　　　　第四单元　晋地正音
　　　　　第五单元　风马云车
　　　　　第六单元　水陆攻战
　　　　　第七单元　寻根问底
结束语

三、内容解读

（一）"华夏印迹"专题

"华夏印迹"专题由"青铜先声""率土内外""赫赫晋邦"三个单元组成，以历史为线索，在时间序列上选择了陶寺文化、商代和晋国三个节点，诠释"器"与"国"的关系，讲述青铜文化在中华文明传承和发展进程中的特殊地位（见图2-2）。

第一单元"青铜先声"，聚焦山西襄汾陶寺遗址出土的青铜器，讲述山西早期

第二单元
率土内外

第一单元
青铜先声

第一专题
华夏印迹

展厅

序厅

展厅

常规展线　- - - - ▶ - -

少儿线节点　　●

视觉障碍者展线节点　●

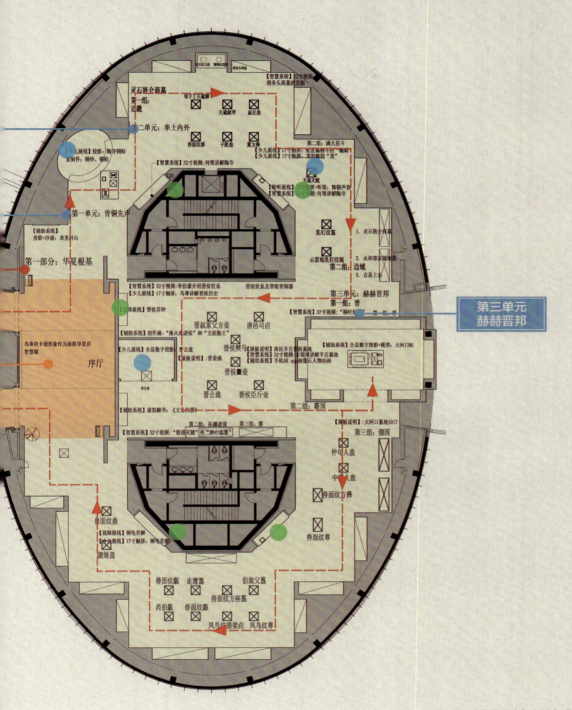

图2-2 "华夏印迹"专题参观线路

图2-3 "青铜先声"单元（上）
图2-4 "世界青铜文明"图板（下）

青铜文明（图 2-3）。陶寺文化是中国青铜文明萌芽阶段的代表。目前，陶寺遗址已发现铜器 5 件，即铜铃、齿轮形器、环、口沿残片及铜蛙。这批铜器无论是数量还是器物种类，都是同时期遗址中最丰富的。多数学者认为襄汾陶寺遗址就是文献记载的"尧都平阳"。龙山文化晚期，方国文明如满天星斗，地处中原和北方交汇地带的陶寺，不仅在社会生产力上突飞猛进，在社会复杂程度上也出现重要发展。城市、大型公共建筑、贵族墓葬、文字、礼制性艺术、科学技术相继出现并日臻成熟。陶寺从众多方国中脱颖而出，率先迈入国家的门槛，发出青铜时代的先声。

此外，我们专门设计了"中国早期铜器发现地点分布图"和"世界青铜文明"两块图板，将山西与中国、中国与世界早期青铜器发展演变的时间轴进行对比，给观众以直观的印象，启发人们对中国乃至世界早期青铜器起源问题的思考（图 2-4）。

第二单元"率土内外"，讲述山西商代青铜文明。通过山西发现的重要商代墓葬及其出土青铜器精品，勾勒出商代 500 余年间，中央王朝与地方政权在山西地区势力此消彼长的历史轨迹，在青铜器上表现出"多元一体"的文化面貌。

商王朝国家疆域分为：王畿、四土（四方）和四至三个层次。王畿是以都城为核心，中央直接管理的地区；四土（四方）位于王畿之外，由商王朝贵族、官吏统治的区域及从属于商王朝的方国活动区域共同组成，这是开放且不稳定的区域；四至，位于四土（四方）之外，是商文化势力影响地区。从山西商代青铜器的分布，可以看到从商代早期到晚期，国家政治疆域有三个层次的历时性变化。

本单元最先进入观众视野的是一件呈开放式展示的兽面纹圆鼎，带给观众强烈的视觉冲击效果（图 2-5）。20 世纪 90 年代，山西省平陆县前庄村的黄河岸边出土了一批商代早期青铜器，学者推测可能是商王朝祭祀河神的祭器。这批青铜器中包括 3 件大型铜鼎，学术界称之为"平陆大鼎"，展出的这件兽面纹圆鼎即其中之一，无论是器型还是装饰都具有鲜明的商代早期风格，通高 70 厘米、口径 45.4 厘米，无疑是同时期青铜器中的重器。

山西南部属于商王朝西部近畿范围，考古发现的平陆前庄遗址、垣曲商城、夏

图2-5 "平陆大鼎"开放式展示

县东下冯商城等，属于商代早期近畿势力范围；灵石旌介墓地、闻喜酒务头墓地等，则显示了商代晚期近畿势力范围的进一步拓展。灵石县旌介商墓是商代晚期的一处重要遗存，这里出土了青铜器百余件，多数具有典型的商文化风格。本单元集中展出了旌介商墓出土的一批食器、酒器和兵器。其中的邑鼎、兽面纹簋等青铜器造型敦厚、纹饰精美，是商代晚期青铜文物中的精品。

　　本单元重点呈现的重要考古遗存还来自山西闻喜酒务头商代墓地。闻喜酒务头墓地位于晋南运城盆地东北缘，是一处商代晚期高等级贵族墓葬群。在已发现的 12 座墓葬中，有 5 座"甲"字形大墓。该墓地对于认识商王朝西部势力范围的变迁及商代国家政治地理结构等问题意义重大，被评为 2018 年"全国十大考古新发现"。本单元重点展出了多件带有族徽铭文的青铜器，如子匿方鼎、天黿斝等。闻喜酒务头墓地出土的青铜器造型、纹饰均与殷墟青铜器相近，但墓葬形制又与殷墟有些差异，反映出商文化在演进过程中的传承与变化特征（图2-6）。

　　商代的边域方国林立，在甲骨卜辞等文献中记载的方国有百余个。今山西大部为商代西、北边域，分布有先方、土方、垣方、舌方、鬼方等方国，这些方国对商王朝时附时叛，交融共生，青铜文化地域特色鲜明。在晋陕高原黄河沿线的山西省保德、柳林、石楼、永和、吉县和陕西省榆林、绥德等地发现了大量商代晚期方国青铜器，其中的青铜容器与商文化典型器接近；带铃豆、舞铙、龙形觥等极具地方特点；铃首剑、蛇首匕等凸显北方草原风格。

图2-6　酒务头墓地出土文物展示

图2-7 "赫赫晋邦"单元

第三单元"赫赫晋邦",展出了山西出土的从西周早期至晋文公称霸期间制作的大量青铜艺术品,再现了一个礼乐大成的晋国(图2-7)。本单元为观众讲述了自叔虞封唐、燮父改唐为晋,到武献拓疆,直至城濮之战晋文公称霸为止的恢宏历史。展品主要来自曲沃县曲村墓地、北赵晋侯墓地,翼城县大河口霸国墓地,绛县横水倗国墓地等。

公元前11世纪,武王伐纣之后,新建立的西周王朝施行分封制,据文献记载,周王先后分封了71个诸侯国,与周王室同属姬姓的有53国,晋国便是其中之一。晋国建立之初,为方圆百里的小国,历代晋侯励精图治,开疆拓土,锐意创新,武公、献公时期,晋国逐步兴盛并兼并周边诸国。文公时,会诸侯于践土,晋被推为盟主,自此晋国成为称霸一方的大国。晋国在发展过程中,吸收了周边诸侯国和北方草原文化的新鲜血液，逐步形成了特色鲜明的晋文化，对中国古代礼乐文明的形成和发展贡献巨大。我们在综合大量研究成果的基础上，制作了"晋国疆域变迁示意图"，将不同时期晋国的疆域变迁直观地呈现在观众面前，为观众进一步深入了解晋文化做知识上的铺垫。

　　曲村—天马遗址是早期晋国的遗址，为探索晋国早期历史和都城所在地提供了重要线索。其中的墓葬区分为两部分，一是位于遗址西端的曲村墓地，即"邦墓"区，埋葬晋国中小贵族和平民；二是位于遗址中心北赵村的晋侯墓地，即"公墓"区，埋葬晋国国君等高等级贵族。这部分内容是本单元第一组重点展示部分。

　　重点展品中有一件带盖四足青铜盉——晋仲韦父盉，出土于曲村墓地一座西周墓葬中，盖顶有猪形钮，形象生动。值得一提的是，盖内有铭文2行，与器口铭文3行内容相同，共12个字：晋仲韦父乍旅盉其万年永宝（图2-8）。这是学者们首次在出土青铜器铭文中发现"晋"字。此后，随着晋侯墓地的发掘，大量诸侯级别使用的青铜器，如叔虞方鼎、晋侯鸟尊、晋侯稣马壶、晋叔家父方壶等相继出土，

图2-8　晋仲韦父盉

图2-9　曲村墓地和晋侯墓地青铜器展示（上）
图2-10　倗国墓地出土文物展示局部（下）

使我们对西周时期晋国使用青铜器的情况有了深入的了解。

晋侯墓地是西周时期晋国国君墓地，时代从西周早期至春秋早期，共发现 9 组 19 座晋侯及其夫人墓葬，以及附属的车马坑、陪葬墓和祭祀坑等。尽管被盗严重，但仍然出土了大量青铜器、玉器等珍贵文物，很多青铜器带有铭文。晋侯墓地的发现，为西周断代研究和晋文化研究提供了重要的支撑，并入选"20 世纪中国 100 项考古大发现"。

展现这部分内容的有几件重要的有铭青铜精品，如晋侯𬱟马壶、晋叔家父方壶、晋公盘等，我们为每件精品均开辟了独立的展示空间，与周边的通柜结合，自然形成了叙事的主次关系（图 2-9）。

文献记载，周王先后分封了 71 个诸侯国。但根据多年来中国的考古发现可知，文献记载的封国只是当时封国中很小的一部分，尚有大量封国不见于文献，如位于山西的倗国和霸国就属于文献失载的封国。这两国应当是在武公、献公开拓疆域的过程中被晋国兼并的。

绛县横水倗国墓地入选"2005 年度全国十大考古新发现"，翼城大河口霸国墓地入选"2010 年度全国十大考古新发现"。这两处大型墓地的发现，特别是大量有铭铜器的出土，为研究西周时期的器用制度、墓葬制度，以及周边国家交往等提供了翔实的资料。出土的青铜器涵盖了礼器的多数器类，集中展示了西周时期晋南小国的综合国力。这两处墓地出土遗物也成为本单元的重点展示内容。

辉煌一时的倗、霸被晋国所灭，可侧面反映出晋国当时的国力。历史中只字未提的倗、霸小国尚且礼乐齐备，那么史书中连篇累牍记载的晋国，其礼乐文化的辉煌程度就可想而知了（图 2-10）。

在形式设计方面，为了营造出恢宏的历史氛围，展现晋国走向强盛的历史瞬间，我们增加了青铜仿制品并将其与历史题材油画相结合。晋侯苏钟是晋侯墓地出土的代表性文物，其流传经过颇具传奇性，是一组历史价值和宣传价值俱佳的展品。晋侯苏钟全套共 16 枚，其中 14 枚曾被盗，流失境外（现藏于上海博物馆），另外 2

图2-11　晋侯苏钟开放式展示（上）
图2-12　辅陈油画（下）

枚为考古发掘出土（现藏于山西博物院）。编钟分为2组，每组8枚，共刻355个字。钟铭记述了西周厉王三十三年（前846年），晋侯苏随周王讨伐东方宿夷之事。此事为史籍阙载，对研究西周和晋国历史极为重要。铭文系凿刻而成，为西周青铜器首见。经考证，晋侯苏即《史记》记载的晋献侯籍。苏钟的发现为晋侯世系的研究提供了可靠的支点。

在本单元中，我们仿制了全套晋侯苏钟，悬挂于木质钟架上，供观众触摸、敲击。选取一件苏钟仿制品置于台座上，一半为青铜原色，一半为铜锈色，使观众直观感受到青铜器在时间长河中的色彩变化（图2-11）。

辅助展品中有一组三幅油画，内容分别为：烽火戏诸侯、文侯勤王；武献拓疆、假道灭虢、唇亡齿寒；退避三舍、城濮之战、践土之盟（图2-12）。它们分别讲述了晋国发展历史上的三个重要事件。文侯勤王的主角为晋文侯。公元前771年，西周亡于犬戎，幽王被杀于骊山。危急关头，晋文侯率众拥立太子宜臼为周平王。次年，晋文侯与郑武公、秦襄公共同辅佐平王迁都洛邑（今河南洛阳），开启了东周王朝。公元前760年，文侯杀周携王，结束了长达十年的周王室二王并立的混乱局面。文侯获得了辅佐天子、代王征伐的大权，为日后晋国称霸中原奠定了基础。

武献拓疆的主角是晋武公和晋献公。《左传》记载，晋武公、献公在位期间，晋国开始大规模开疆拓土，先后攻灭邻近的虞、虢、焦、滑、霍、杨、韩、魏等近20个国家，逐步走向强盛。

城濮之战是晋文公成就霸业的关键一战。春秋中期，北方大国晋国和南方强国楚国争夺霸权。公元前632年春，晋楚对阵于城濮（今山东鄄城附近）。晋国诱敌深入，集中优势兵力，大败楚军，创造了以少胜多的著名战例。同年5月，晋文公在践土（今河南荥阳）大会诸侯。周襄王到会并赐车服弓马，册命晋文公为领袖诸侯的"侯伯"，可用王的名义征讨四方。晋国从此开启霸业。

晋公盘是本单元的核心展品，也是博物馆的明星展品。晋公盘的价值所在，一是在内壁铸有7段共183字铭文。学者们研究认为，这件盘就是著名的晋文公为远

图2-13 晋公盘

嫁楚国的长女孟姬制作的陪嫁品。铭文内容是晋文公追述了晋国始祖唐叔虞和父亲献公的功业和自己的成就，以及晋文公对女儿的告诫和嘱托。二是晋公盘复杂的铸造工艺，展示了春秋中期晋国高超的科技实力。盘内共装饰有19个立体动物和17个浮雕动物。立体动物被巧妙地设计成可以自由灵活360度旋转的装饰件，是春秋时期晋国铜器的特色。经CT扫描后，能清晰地观察到立体动物均由立柱支撑，保证动物既能自由转动，又能保持平衡。在"礼乐春秋"展厅展出的刖人守囿车上的立鸟装饰也是同样的设计。另外，晋公盘的三足是三个跪坐的铜人，呈背负铜盘的造型。用铜人做器足也是晋国青铜器的常见装饰，山西博物院的藏品中有西周晚期的鸟盖人足盉、立鸟人足筒形器、龙耳人足方盒等。铜人或蹲或跪，奋力背负着上面的器物（图2-13）。

为了丰富晋公盘的展示内容，我们还设计了晋公盘多媒体动画展示，将盘内的水生动物形象创意为生动的三维艺术表达，满足了低龄段观众对深奥知识的形象思维认知需求。

（二）"礼乐春秋"专题

"礼乐春秋"专题由"钟鸣鼎食""我武惟扬""立身以礼""礼通四方""赵卿之制""古韵新风"六个单元组成，以礼乐为核心，探讨"器"与"礼"的关系（图2-14）。

周王朝以宗法制和分封制为核心，形成了一套维护统治秩序的政治制度。各级贵族在祭祀、饮食、音乐、仪仗、战争、服饰、器用等方面逐渐形成了严格的等级序列。各种不同等级的器物及其组合，体现了不同等级贵族的身份。在这个专题，我们着力为观众呈现两周时期辉煌的礼乐文明。由于时代久远，当代人对宗法制和分封制的认知大多都来源于历史课本。为了便于讲述"礼乐制度"，我们首先要为观众阐释宗法制和分封制的概念，以及"家国一体"的政体结构特点（图2-15）。

"礼乐春秋"专题的六个单元，从逻辑上可以分为四个层次。第一层是"钟鸣鼎食""我武惟扬"和"立身以礼"，讲述礼乐制度在贵族的宴饮娱乐、武备、日常用度等方面的器用组合。第二层是"礼通四方"，讲述礼乐在文化交流中的表现。从山西出土的青铜器来看，当时的文化交流不仅限于黄河流域和长江流域，更远及草原游牧地区。第三层是"赵卿之制"，整体地展示了古代高级贵族生活中的青铜器组合，衣、食、住、行无不完备。"古韵新风"作为第四个层次，通过解读战国及以后的青铜器，展示了礼乐制度在社会变革进程中的突变。

礼乐制度肇始于周公"制礼作乐"，在西周中期趋于完备，蔚为大观。"礼"是周代社会的核心制度之一，规范了等级秩序，"乐"则辅助了礼制的施行。西周礼制包括鼎簋制度、乐悬制度、族墓制度、棺椁制度等，复杂的器用制度彰显出严

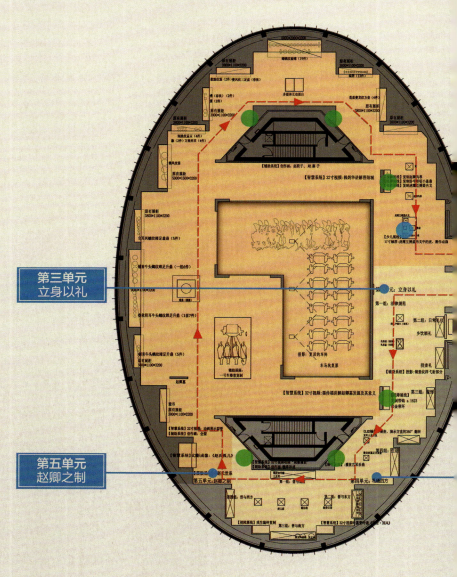

第三单元
立身以礼

第五单元
赵卿之制

常规展线 ----->

少儿线节点 ●

视觉障碍者展线节点 ●

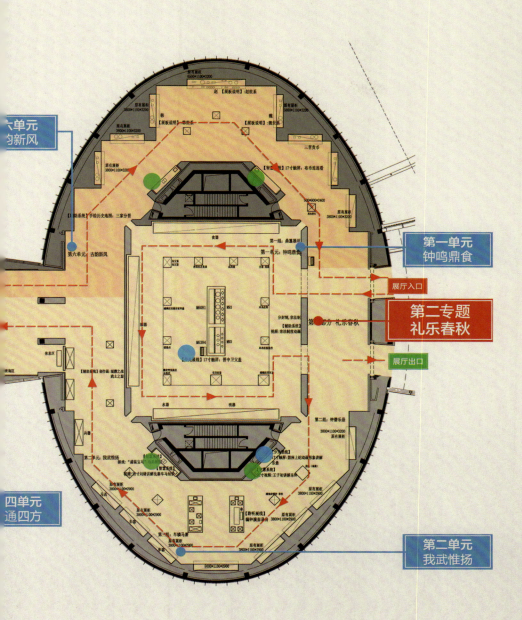

图2-14 "礼乐春秋"专题参观线路

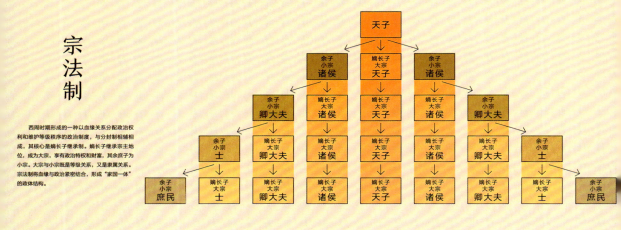

宗法制

西周时期形成的一种以血缘关系分配政治权利和维护等级秩序的政治制度，与分封制相辅相成，其核心是嫡长子继承制。嫡长子继承家主地位，成为大宗，享有政治特权和财富，其余庶子为小宗。大宗与小宗既是等级关系，又是隶属关系。宗法制将血缘与政治紧密结合，形成"家国一体"的政体结构。

图2-15　"宗法制"图板

格的等级秩序。

　　第一单元为"钟鸣鼎食"，钟鸣鼎食是礼乐制度的象征，本单元着重展示周代的鼎簋制度、乐悬制度等。在不同的礼制场合，通过使用不同种类、不同数量组合的青铜器表达不同的身份、思想感情等。各级贵族也通过使用青铜器的礼制程序表达政治立场。

　　为了清晰地表达礼乐制度在两周贵族生活中的地位，本专题"礼乐春秋"的形式要求与上一专题"华夏印迹"有明显的区别。"华夏印迹"在讲述国家制度和历史时，用了一种娓娓道来的形式，展线舒缓延伸；"礼乐春秋"则追求宏大的场景，争取使所表达的古代礼乐的辉煌给观众留下深刻的印象，所以不惜空间，着重表现青铜礼器在使用时的盛况。

　　展线设计采用不同展线套叠的模式，设计不同的观看路径，通过不同的形式表达同一主题内容，保持展线的延伸节奏。

　　展厅中央设计一组通柜。通柜正面陈列五鼎六簋，清晰地表达了鼎簋的器用组合关系。这组器物出土于北赵晋侯墓地93号墓，学者认为墓主人为西周末至春秋初的晋文侯。该墓的五鼎六簋组合是当时鼎簋制度的直观反映，与墓主人身份相符（图2-16）。通柜背面，以晚清海派画家任薰绘制的《愙斋集古图》为背景，组合陈列六件太保器，通过这种信息量丰富的陈展形式，使观众在欣

图2-16　五鼎六簋组合展示

赏青铜器的同时，也可以了解历代学者对青铜器的珍爱（图2-17）。

中央通柜周围以独立柜展出能够表达礼乐制度的经典文物，如：义尊、伐簋、懋尊、懋卣、芮伯作王姊盉、芮伯作王姊盘等。周王的赏赐是对贵族的最高礼遇，义尊铭文记载了周武王对义的赏赐，懋尊、懋卣记载了周穆王对懋的赏赐。义尊、懋卣、懋尊等是记载祖先事迹的青铜器，在当时是最重要的宗庙礼器。其身上的铭文证明了它们是表现礼乐文明的最佳历史见证物（图2-18）。

周边的墙柜以礼器的功能分类，分别展示食器、酒器、水器和明器。民以食为天，食器是青铜礼器中最常见的类型。根据功能又可分为烹煮器，如鼎、鬲、甗；盛食器，如簋、豆、盨，以及附属的匕、俎等。器物的形制、大小、数量和组合关系是贵族身份的标志。

古人在进行祭祀、朝聘、婚姻、丧葬等活动时，对用牲做了规定：牛、羊、豕

图2-17 太保器组合展示（上）
图2-18 义尊（西周）（下）

三牲齐全称"太牢",仅具备羊、豕称"少牢"。牢,本义为豢养动物的圈,引申为经圈养的牲畜。文献记载,西周时,天子、诸侯享用太牢,天子九鼎八簋,诸侯七鼎六簋;卿、上大夫享用少牢,五鼎四簋。但实际墓葬出土与文献记载不能完全对应,这个学术问题很早就引起学者们的关注,目前学界对此的结论莫衷一是,随着今后考古资料越来越丰富,或许我们能找到一个满意的答案。

青铜礼器中的酒器,按功能可分为盛酒器,如尊、卣、觥、彝;饮酒器,如觯、觚;温酒器,如斝、爵、角,以及附属的斗、勺等。有的酒器兼具多种功能(图2-19)。酒器是古人举行宴享之礼时的必备用器。《诗经·小雅》中的《鹿鸣》篇,是周王宴请群臣和宾客时所唱的歌,歌以鹿鸣起兴,营造出一个和谐欢快的宴享氛围,便于彼此间交流感情。献宾是飨礼中的重要环节,如同今天的敬酒,《鹿鸣》中有"我有旨酒,嘉宾式燕以敖。"献的数量根据来宾身份的尊卑确定,有一献、三献、五献和九献,九献是最高的礼仪。每一献的环节都很繁复:主人献酒,称"献",来宾为主人还酒,称"酢",主人先饮,来宾后饮,称"酬"。

青铜水器是古代贵族盛水的器皿。按功能可分为注水器,如盉、匜;承水器,如盘;盛水器,如鉴、盂。有的水器还兼具多种功能。从西周中期开始,贵族在礼仪生活中用水器来行沃盥之礼。《礼记·内则》记载:"进盥,少者奉盘,长者奉水,请沃盥,盥卒授巾。"即用流水为主人冲洗双手,年长者执匜在上方淋浇,年少者端盘在下承接,冲洗完毕,以巾擦手。西周时期进行的沃盥之礼多为盘、盉组合,春秋时期则多为盘、匜组合。

春秋时期,盥洗作为日常生活中的一部分,在讲究仪节的贵族生活中,也成为婚礼、丧礼等仪式中的重要环节。贵族的日常盥洗行为是依照一定的程序进行的。"奉匜沃盥"的典故很好地诠释了盥洗程序在礼仪上的重要性。《左传》记载:"秦伯纳女五人,怀嬴与焉。奉匜沃盥,既而挥之。怒曰:'秦、晋匹也,何以卑我?'公子惧,降服而囚。"依照仪节"盥卒授巾",重耳应该等怀嬴给他盥巾擦拭,但重耳反而以湿手"挥之",怀嬴因此认为重耳看不起她。就礼数而言,重耳此举是

图2-19　酒器展示

很不礼貌的，此事非关洁净，而是"礼"的要求。重耳在被怀嬴怒骂后，"降服而囚"从而平息了这场矛盾。双方借助沃盥程序这一实践表达了各自的情感，"沃盥之礼"的意义超越了洁净本身的作用。在讲述这部分内容时，我们特别选取了南宋画家李唐的《文公复国图》中的相关内容作了重点展示，以使广大观众能够更生动地理解"奉匜沃盥"的典故（图2-20）。

　　明器是古人专为随葬而制作的器物。古代的随葬品中既有实用器，也有明器。在考古中经常发现青铜明器，但因为大多制作粗糙，体积较小，一般不会被当作展品展出。我们专门设计了明器小专题，选取曲沃县羊舌墓地4号墓出土的27件青铜明器，曲沃县曲村墓地2号墓出土的22件青铜明器进行集中展示，让观众对古代明器在随葬中的组合使用有了直观的感受。

　　"乐"是礼制的重要组成部分。"礼"定规范，明贵贱，"乐"重教化，求和
谐。礼、乐互为表里，承担着礼制的核心使命。周代的乐器以大小成列的青铜编钟
和石质编磬为基本组合，辅以鼓、琴等。根据听众身份和场合的不同，乐队的组合
和演奏内容有不同的严格规范。

　　编钟最早出现于西周时期，盛行于春秋战国，由形制相同、大小相次的青铜钟
组成，分甬钟、钮钟和镈钟三种。关于编钟、编磬的数量和设置方位的等级规定，
是礼乐制度的组成部分。《周礼》规定：天子用宫悬，东、南、西、北四面悬挂乐
器；诸侯用轩悬，东、西、北三面悬挂乐器；卿大夫用判悬，东、西两面悬挂乐器；
士用特悬，东面悬挂乐器。与编钟、编磬组合展示相配，我们制作了"师旷抚琴"
主题油画，不但有效地渲染了展厅氛围，更形象地讲述了晋国盲人音乐家师旷的故

图2-20　"奉匜沃盥"图板

图2-21 "师旷抚琴"油画

事（图2-21）。

第二单元"我武惟扬"，讲述兵制和车马制度。"国之大事，在祀与戎"，"戎"即武事，是国家政治生活的两大主题之一。戎马行仪也是中国青铜时代礼制的重要组成部分。在贵族的日常生活中，常以陈列和使用兵器的种类和数量的不同作为区别身份和地位的象征。

两周时期，出师之前要祭社杀牲，并以血涂鼓；战争当中要行卜筮之事，向先祖、河神致祭，祈求胜战；战后要行献俘礼，宴享将士、抚恤亲属。属于武事的还有田狩之礼，即大蒐礼。晋侯曾多次行大蒐礼，教民以礼，整顿军队，任命将帅。

　　商周时期的青铜兵器发现甚多，种类丰富。从用途看，箭、弩机用于远射，戈、矛、戟用于近战，剑用以护身（图2-22），还有盾、甲胄等防卫性兵器。除战争外，兵器还是礼仪用器。

　　车马器是中国古代战车和礼仪用车上的金属构件，用来加固和装饰车体、马匹和车马连接部位。《周礼》规定，天子驾六，诸侯四，大夫三，士二。车马陪葬是周代礼制在丧葬仪式中的体现。有的是整套车马陪葬，有的是车、马分别陪葬，有的是将车拆卸陪葬，还有的仅陪葬部分车零部件。

　　第三单元"立身以礼"，展示贵族日常使用的青铜器，包括铜镜、带钩、弄器等。"不学礼，无以立"，生活用器作为修身之"礼"，是礼乐制度内涵的延伸。春秋以来，贵族阶层不仅在政治生活中利用鼎、簋等礼器表达自己的身份地位，同时也开始在日常生活中利用其他青铜制品，来表现自己的尊贵和富有。因此，使用带钩、铜镜、精美刀具、弄器等逐渐成为一种时尚，并且以此作为突破约束的一种精神文化追求。

　　战国铜镜是承继殷周青铜铸造工艺和适应新兴贵族需求的产物。春秋战国之际，

图2-22　青铜剑
组合展示

随着社会的变革，新兴贵族在青铜铸造、装饰工艺上不断提出新要求，促进了青铜器种类的丰富和铸造技艺的提高。精美的战国铜镜、带钩等是这一潮流的产物。弄器是青铜器中造型别致但不适宜陈设于庙堂之上的铜器，有学者推测是贵族们的把玩之器，其中蕴含着古人的审美情趣和艺术修为。

第四单元"礼通四方"，通过山西出土的不同地域生产的青铜器，阐释青铜器在文化交流中的重要作用。夏商周时期，山西境内华夏与戎狄交错杂处。晋国建立后，与周围戎狄战争不断，同时文化交流也很频繁。多年来，山西发

战国

内蒙古·凉城毛庆沟铜器

图2-23 "礼通四方"单元"晋之北"展示

现的青铜器，有来自塞伊玛—图尔宾诺文化的倒钩铜矛、鄂尔多斯式兽首刀、鹤嘴斧、动物形牌饰；还有来自两周诸侯国的鲁侯鬲鼎、吴王夫差鼎、秦式短剑等。这些青铜器反映出当时民族交融和文化交流的社会现实（图2-23）。

第五单元"赵卿之制"，是"吉金光华"陈列中规模最大的一个单元，独享1300余平方米展厅，系统、全面地展示了出土于太原市金胜村的赵卿大墓，包括附属的车马坑，以及与赵卿相关的侯马盟书。

学者们认为墓主人当是赵简子，他是春秋晚期晋国的权臣，赵氏家族发展过程中的代表人物，也是太原市（当时称晋阳城）最早的建设者。赵卿墓出土青铜器达 1402 件（其中礼乐器 118 件），几乎涵盖了古代青铜器的全部门类，蔚为壮观。礼器组合庄重威严，象征着制度、等级和规范，更显示出春秋晚期礼制的变化。另有许多器类造型新颖、工艺精湛。本单元全面呈现了春秋晚期赵氏贵族礼乐煌煌的盛大气象，表现出制度革新和社会变革。

在形式设计上，将赵卿墓附属的车马坑作为一个整体复原陈列在众多青铜礼乐器的旁边，为整个展厅平添了宏大而威严的气势（图 2-24）。

在代表性展品方面，虎形灶是户外野营的炊具，由灶体、釜、甑、烟筒共7 件组成，通高 162 厘米，可以拆卸和组装，便于行军作战或游猎时使用。灶体内有小凸齿，用于搪灶挂泥，似今山西农村或小城市居民冬天用的煮饭烤火铁炉。炉膛涂泥，既可保持温度，又可节省柴薪，也能保证炉膛的热量集中，精巧实用（图 2-25）。

赵卿鸟尊形如昂首挺立的鸷鸟，头顶有冠和双角，双目圆睁，尖喙，下唇固定，

图2-24　马车坑展示局部

虎形灶

炊具，多用于户外野营。由灶体、釜、甑、烟筒共7件组成。通高162厘米，可以拆卸和组装，便于行军作战或游猎使用。灶体内有小凸齿，用于搪灶挂泥，似今山西农村或小城市居民冬天用的煮饭烤火铁炉。炉膛涂泥，既可保持温度，又可节省柴薪，也能保证炉膛的热量集中，精巧实用。

图2-25　虎形灶展示

图2-26　赵卿鸟尊展示

上唇可自由启合，设计巧妙。颈细长，腹腔中空，与颈、喙相通。鸟背设盖，上有虎形提梁，盖以链条与提梁相连。鸟双腿直立，足间有蹼，鸟尾下设一虎形支脚，虎昂首，张口露齿，前足撑地，后足贴于鸟身，与两只鸟足一起形成三点支承，以保器体平衡稳固。鸟尊通体浮雕羽翼，羽纹华丽清晰，富有层次感，造型独特新颖，铸造技术精巧至极，是晋国晚期青铜工艺中的杰作（图2-26）。

　　第六单元"古韵新风"，展示了战国时期的青铜器。进入战国时期，变革是时代的主题。青铜器作为传统礼制重要载体也发生了新的变化，三晋青铜器成为整个中原地区的杰出代表，其精巧的造型、广泛的分布，反映了这一时期商品经济的发展。新的礼器组合鼎、豆、壶的出现，反映出"礼"随时代的潮流而改变。

战国青铜器因新的装饰题材和工艺的兴起，又将青铜艺术推向一个新境界。不同地域的青铜文化在长期交流的基础上，形成独特风格，并逐步趋向简洁、轻巧、实用。

东周时期，三晋地区先后出现布币、刀币、圜钱等不同形制的货币。春秋时期的布币主要为空首布，战国时期演变为平首布，其上铸有多达80余处的城邑名称，是三晋地区最流行的金属货币，流行范围后来扩展至楚、燕等地。空首布是中国最早的金属铸币之一，因首端銎口中空而得名，分为耸肩尖足布和平肩弧足布两种，其发现区域主要在今天的山西中南部和河南地区。侯马铸铜工场铸造的品种为耸肩尖足空首布，仅布芯就出土了10万余枚，庞大的造币量既表明了经济活跃程度，又显示出政权对经济的控制能力。

秦汉以来，中国社会由列国纷争走向多民族统一。青铜器不再居于社会文化的中心地位，而是进入了寻常生活。质朴、实用的风格，折射出别样的时代精神。汉代青铜器以生活用器为主，为了方便使用，光洁的素面取代了以前繁缛的纹饰。器物造型写实传神，古朴典雅，体现出独特的设计理念和时代特征。汉代灯具构思精巧，造型别致，设计上集实用、装饰和环保为一体。

（三）"技艺模范"专题

"技艺模范"是"华夏印迹"和"礼乐春秋"的技术基础。按照青铜冶炼、陶范铸造、装饰技艺的序列，分为"冶石成金""殊途同工""执简驭繁""铸物象形""错彩镂金"五个单元，为观众解读青铜器的铸造工艺，展现华夏先民范铸青铜的智慧之光（图2-27）。

第四单元
铸物象形

第三单元
执简驭繁

第二单元
殊途同工

常规展线　－－－－◀－－

少儿线节点　　●

视觉障碍者展线节点　　●

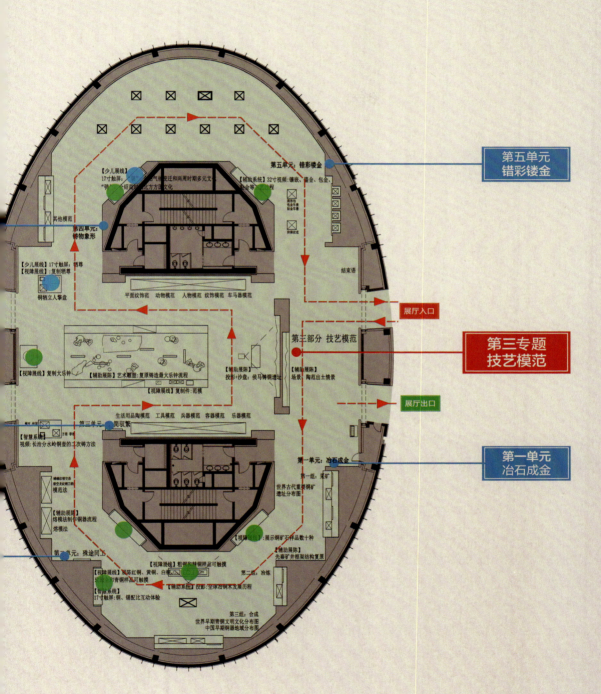

图2-27　"技艺模范"专题参观路线

本专题首次以专题的形式大规模集中展示了山西侯马铸铜遗址出土的大量陶范实物，这在世界上是独一无二的。五个单元循序渐进，自简至繁，从不同的角度解读中国古代精湛的青铜器铸造工艺及其在不同历史时期的创新，通过立体雕塑和场景展示，再现了鲜活的铸造工艺，展示出山西独特的青铜器铸造成就。

第一单元"冶石成金"，通过展示山西境内发现的夏商时期的采铜和冶铜遗址，揭示了山西完整的青铜铸造产业链。陈展方式将文献资料和实物相结合，严谨直观地讲述了古代冶铸工艺的发展历史。中国在青铜技术和艺术上拥有独特的风格和传统。中国古代青铜工艺在合金成分、铸造手段和造型艺术等方面的特性，造就了中国古代青铜器的独特成就和艺术魅力。

闻喜县千金耙采矿遗址，位于古代中原重要的产铜区——中条山地区，是国内目前发现年代最早的开采铜矿的遗址之一。这里发现有夏商时期的竖井、斜井、平巷等矿井结构，以及大量矿石和采矿工具，为研究铜矿的开采及夏、商王朝青铜原料来源提供了丰富的考古证据（图2-28）。

绛县西吴壁冶铜遗址，位于涑水河北岸黄土台地上，南距著名的产铜区——中条山约6公里。这里发现有夏商时期的炼炉残迹、铜炼渣、炉壁、矿石、石范、木炭、石质工具等大量遗迹和遗物。综合推断此处是一处以冶炼纯铜为主，兼以制造小型铜工具，具有很高专业化程度的大型冶铜手工业遗址。

铜作为战略资源，始终由王朝直接控制。早期中国的青铜产业采、冶、铸分离，矿料先运到冶炼场所炼成铜锭，再转运到都邑中的铸铜场所铸造成器。青铜冶铸技术是当时先进生产力的体现。西吴壁遗址的发现，填补了青铜产业链从采矿到冶炼之间的缺环，对早期冶铜手工业的组织管理，以及早期中原王朝的兴起与发展等研究具有重要价值。

对青铜的合金比例，古人在长期的铸铜实践中摸索出了成熟的经验，并形成了理论成果。这些都记录在成书于战国时期的《考工记》中。《周礼·冬官·考

图2-28　千金耙遗址展示区

工记》记载："金有六齐，六分其金而锡居一，谓之钟鼎之齐；五分其金而锡居一，谓之斧斤之齐；四分其金而锡居一，谓之戈戟之齐；三分其金而锡居一，谓之大刃之齐；五分其金而锡居二，谓之削杀矢之齐；金锡半，谓之鉴燧之齐。"

　　第二单元"殊途同工"，介绍了块范法和熔模法两种性质不同的铸铜工艺，并着重介绍了块范法这一中国青铜器铸造技术的独特成就。

　　第三单元"执简驭繁"，集中展示在春秋战国之际，山西境内范铸青铜的技术成就（图2-29）。侯马铸铜遗址的考古成果揭示了晋国恢宏的生产规模和高超的生产技艺。陶范铸造技术运用娴熟，器物纹饰模块化生产，显现出管理严密的工业化雏形。以简化、统一、协调的优化原则，使复杂的青铜器生产模块化，降低技术难度，提高生产效率，提升器物品质。大宗产品批量化生产，经济特性突出，促使侯马青铜器流通全国。

　　侯马铸铜遗址是目前发现东周时期规模最大、内涵最丰富、技术水平最高的铸铜遗址。它是春秋晚期晋国官营大型青铜铸造工场，以生产货币、农具、工具、车

图2-29 "执简驭繁"单元

马器等日常用具和兵器为主，青铜礼乐器为辅，生产持续约160年，为晋国晚期重要的经济支撑。其生产的青铜器，技术上以分铸法和模块化纹饰制作为特征，铸造细密的蟠螭纹、蟠虺纹、龙凤纹，以及丰富的动物形装饰，颇具地域特色，学界称为"侯马风格"。"侯马风格"青铜器流通甚广，北起辽宁，南至两广均有出土，世界各大公私机构多有收藏，许多原本时代不清、来源不明的青铜器得以因"侯马风格"特征而确认"身份"。

第四单元"铸物象形"，通过展示青铜器中的象形器物，表现古代铸铜工艺的造型成就（图2-30）。中国古代的铸工，在青铜器造型及纹饰设计中，以自然和生活为师，将山川河岳、风雨雷电、动物植物和生活场景等融入青铜器装饰，形成丰富多彩的青铜艺术，其中以动物形象为题材的青铜器贯穿整个青铜时代，或整器、或局部、或写实、或抽象，艺术想象力丰富，在青铜艺术中别具一格。

第五单元"错彩镂金"，以点睛之笔突出展示青铜器铸造中的装饰工艺。

图2-30 "铸物象形"单元

青铜器铸成之后，还需要经过补铸、锯截、錾、凿、刮削等工序，去除青铜器表面的毛刺、芒口、浇铸口等痕迹，打磨抛光之后，才得到青铜器成品。战国前后，人们的思想观念和审美情趣发生了深刻的变化，原先主要用作礼器的青铜器越来越多地成为生活用器，人们为了追求绚丽的色彩并显示尊贵的身份，采用镶嵌、鎏金、错金银、错红铜、包金、贴金等方式对青铜器进行装饰，使青铜器越来越丰富多彩，达到艺术的高峰。

（四）"探幽寻胜"专题

文物的数字化展示，打造沉浸式体验，是科技发展下的必然趋势。展示的理念已经由原来的静态展示 1.0 版本、表演展示 2.0 版本，发展到目前关注互动体验的 3.0 版本。为了更好地履行教育这一博物馆的重要职能，推动文化传播和传承，我们在"吉金光华"基本陈列中专门辟出 1200 余平方米，策划了"探幽寻胜"和"数字青铜"互动教育专题，搭建颇具特色的教育和传播体系。

"探幽寻胜"专题，通过五个单元还原了青铜器的发现、记录、保护和研究的过程，颇具知识性。第一单元讲述青铜器发现，第二单元讲述青铜器记录，第三单元讲述青铜器保护修复，第四单元为器型认知，第五单元为青铜艺趣。除了上述五个单元，展厅还专门开辟了两个教室开展教育活动（图2-31）。

（五）"数字青铜"专题

"数字青铜"专题由七个单元组成。第一单元"时空走廊"，打造沉浸式体验，令观众如同穿梭于历史的长河之中；第二单元"鉴影度形"，布置了可以进行体感互动的铜鉴；第三单元"旷野奇缘"，多媒体演绎胡傅温酒樽上精彩的动物纹饰；第四单元"晋地正音"，展示大型等身幻影成像；第五单元"风马云车"，制作了赵卿墓驷马战车体感互动游戏；第六单元"水陆攻战"，多维数字空间演示水陆攻战纹铜钫的制作流程；第七单元"寻根问底"，打造了大型互动数字魔屏。整个专题运用现代科技，通过沉浸式体验，让文物"动"起来、"活"起来，增强趣味性。展览开放数年来，这里越来越成为观众，尤其是青少年观众的打卡胜地（图2-32）。

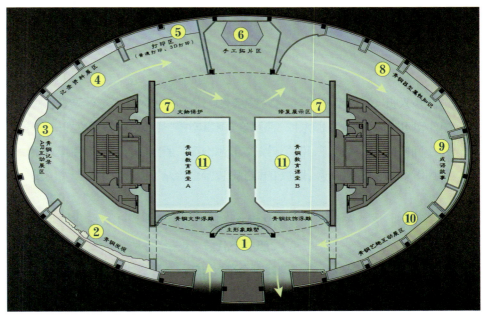

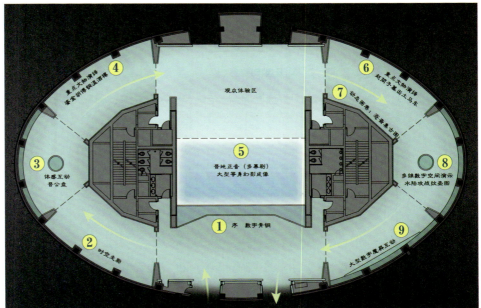

图2-31　"探幽寻胜"专题参观路线（上）

图2-32　"数字青铜"专题参观路线（下）

图2-33　明器展示（上）
图2-34　打击文物犯罪追缴文物展示（下）

四、亮点评述

在上一节内容解读中，我们已经穿插地介绍了一些展览的亮点，包括内容和形式两方面，但散见于各个专题和单元之中。在这一节，我们将展览亮点进行归纳总结，系统地向广大读者作一简要介绍。

（一）关注青铜器的多元类型展示

我们通过宴乐征伐、婚丧嫁娶等内容主题的设计，将青铜器和人们的生活联系起来，把大量深藏在库房的兵器、明器、车马器、钱币等一般文物合理地纳入展览，既丰富了展览叙事内容，又提高了文物利用率（图 2-33 ）。

（二）打击文物犯罪追缴的青铜文物成为展览的重要组成部分，为博物馆展览展示提供成功范例

我们精选了 500 余件追缴的青铜文物，通过研究，科学合理地将其融入展览体系，大量丢失来源信息的文物得以发挥其价值，既丰富了展览内容，又提高了文物利用率（图 2-34 ）。

（三）特别设计了关于铜矿、合金等的自然科学知识，丰富展览的外延

铜矿、合金等自然科学方面的知识是讲述青铜技艺必不可少的一环（图2-35、图2-36）。虽然在展览中增加了这部分内容，但传递的信息量还远远不够，我们将在今后的教育工作中把自然科学知识传播作为一项日常工作来逐步推进。

图2-35　铜矿石展示   图2-36　铜合金展示

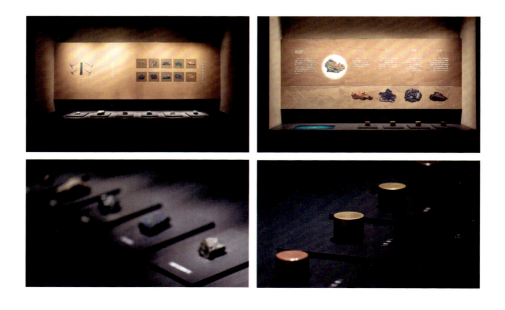

图2-37 "赵卿之制"单元壶鉴组合展示

（四）通过组合展示和复原展示，方便观众更直观地理解深奥的内容

比如，晋文侯墓葬五鼎六簋以及赵卿墓壶、鉴都应用了组合展示的方式（图2-37）。根据侯马铸铜遗址的研究成果，我们复原了范铸青铜的制作流程。规模宏大的赵卿墓车马坑复原组合展示更是带给观众很强的视觉冲击力。

（五）遵循形式服务内容的原则，努力实现隐化设计，让文物"说话"

展厅的主色调为黄色系，在心理学上象征着一种愉快、充满希望和活力的情感，又和中国传统文化色彩相契合，为观众营造出一种轻松活跃的观展环境。为特殊展

图2-38　特殊展具突出展品个性

品量身定制展台和展架，突出展品个性（图2-38）。针对每件展品专门设计灯光，彰显青铜之美（图2-39）。

（六）设置若干青铜器仿制品，观众可以近距离触摸、体验青铜文明

我们还在重要区域设置了盲文导览，配有可触摸展品和盲文说明牌。视觉障碍者展线沿墙的设计实现了与普通观众参观路线的有效分流，方便视障人士的参观体验（图2-40）。

图2-39　为每件展品专门设计灯光，彰显青铜之美

图2-40　可触摸和视觉障碍者展线

（七）以文物故事活化主题

文物典故和解读形成密集的知识点，文物的内涵得到了进一步发掘，增强了展览的趣味性和可读性。如"礼乐春秋"专题的"赵卿之制"单元，因赵简子是晋国晚期著名的历史人物，发生在他身上的典故很多，因此，在展线中增加了适量的历史故事，与赵卿墓出土的经典文物相辅相成。公众可以通过小故事了解大人物。这也是"吉金光华"基本陈列的特色。

另外，展陈语言通俗易懂。观众看得懂是博物馆展览贴近社会、贴近大众的重要体现。我们将展览的目标人群定位为普通观众，文字尽量通俗易懂，生僻字和古字尽量注音，增加大量地图和示意图，将高深的学术成果转化为通俗易懂的科普知识，使观众更容易理解丰富的展览内容。

Glories of
Bronze Age

　　在第一章，我们以时间为线，简明扼要地讲述了策展的 10 个月间，我们所见证的一个个从无到有的奇迹。在这些简单的时间数字背后，深藏着一个个不简单的过往，体现了我们每一位参与者精益求精的工作精神、求真务实的工作态度和严谨高效的工作模式。

　　这一章，我们分两个部分，将展览创作过程中所面临的各种问题，以及如何应对和破解这些问题的心路历程，给大家细细道来。

一、何以立展

（一）学术凝练——设计主题

　　展览主题的确定不是一蹴而就的，而是反反复复推敲出来的，我们切身体会到了"推敲"的不易，这也体现了一个成功展览背后所付出的艰辛。

2018 年 10 月，在最早的一次展览思路专题研讨会上，与会部分专家学者建议将青铜博物馆的展览定位在"青铜艺术"上，取名"山西青铜艺术博物馆"，这是基于山西博物院已有"晋魂"基本陈列，其中"夏商遗踪"和"晋国霸业"两个专题以时间为序，将青铜时代山西的伟大成就进行摘要展示，并清晰说明了这一时段的历史与文化。已经有这样成熟的展览，若单以青铜器来讲述文明发展史，可能会显得重复。若要避免重复，则需要另辟蹊径。从展览对象看，山西打击文物犯罪追缴了不少商周青铜器，尽管多是精品，但是出土信息不明确，在展览中能够阐释与历史文化相关的信息有限。这些专家学者的思路是结合文物资源实际，又借鉴西方博物馆展陈的理念提出的，既大胆又有创新，是为了与山西博物院，以及临汾博物馆、运城博物馆等地市博物馆基本陈列内容不构成冲突而设计的一个全新创意方案。

山西省文物局为了贯彻落实骆惠宁同志在《部分专家关于规划建设山西青铜艺术博物馆的建议》上"请组织国家级青铜器艺术和博物馆管理专家再论证一次"的重要批示精神，安排山西省考古研究所青铜研究专家韩炳华研究员负责起草了一个初步建设"青铜艺术博物馆"的框架方案。由于建馆思路还不明确，初步方案亟须明确的问题是：山西青铜器的资源现状、全国青铜专题博物馆的分布与运营现状、博物馆的选址、展览的主题与规模等。

为了筹备 2018 年 10 月 17 日召开的青铜博物馆规划建设专家研讨会，前期由韩炳华研究员将山西青铜器资源的时代分布、数量和现状进行了整理，并编制了山西青铜器的资源统计分析，内容既包括龙山文化晚期至东周的青铜器，也包括汉至明清的青铜器。分析指出：山西所见的青铜器，从古到今，序列比较齐全，时间脉络相对清晰，区域特点明确。但精品和总量上较陕西、河南和湖北要少。韩炳华研究员着重分析了历史陈列和艺术陈列两个方案的利弊。对于历史陈列，由于资源限制和不能重复展览的局限，要突出表现技术创新，尤其是东周晋系青铜器的创新性。对于艺术陈列，要研究艺术特色，深度挖掘青铜器的艺术性及其表达。展出文物总量要控制在 3000 件以内，大致按照 2 万平方米的面积进行设计。博物馆展览制作完成大致需两年时间。

10 月 17 日，张复明同志主持召开了青铜博物馆规划建设专家研讨会，邀请了国内考古学、青铜器、艺术史、博物馆方面的众多专家学者参会。与会专家有刘绪、张懋镕、徐天进、石金鸣、杭侃、陈建立、强跃、魏峻、陈同乐、董理、王雪农、王春辰、陈小三等。大家提出了大量富有建设性的意见和建议，统一了建设思想，为下一步深化思路奠定了基础。

在这次会议精神的指导下和会上专家思路的启发下，我们先构思了六个展览思路供选择。经过同类整合，形成三个方案，大家讨论的焦点主要集中在前两个方案上。前两个方案的简要内容如下。

大纲方案一：

中国（太原）青铜艺术博物馆策展思路纲要

内容大致总结为以下六个部分，分别为造型艺术、纹饰与装饰艺术、文字艺术、色彩艺术、技术的艺术和生活文化艺术。

第一部分：造型艺术陈列

第一单元：造型

本单元主要解读器类定名艺术与历史；解读编列器的美学意义与秩序含义；解读由夏至汉代国家结构、思想文化、宗教礼仪等变迁。

第二单元：组合

解读组合器的关系与艺术。阐释组合对于日用、祭祀、军事征伐的含义。

第三单元：围绕跨时代、跨区域的比较研究，阐释时代带来的艺术变化和文化差异带来的艺术变化。解读不同时代不同区域的艺术、思想、文化等差异。

第二部分：纹样与装饰艺术陈列

通过抽出青铜器中的纹饰集中分析，深度解读纹饰的艺术性及其内涵，概括纹样与装饰艺术的时空差异。

分六个单元：具象艺术、意象艺术、抽象艺术、图案艺术、表达艺术、朴素艺术。

第三部分：文字艺术陈列

通过对金文中的字、句、文的解读，阐释金文的艺术性，分为两个单元。

第一单元：字形的艺术（阐释字的形成与演化）；音的艺术（阐释上古音、中古音与现代发音的区别）；义的艺术（阐释字如何传达义）。阐释金文用韵、金文的布局及其对文本的影响等。

第二单元：书体结构艺术、书法艺术及后世金文书法文化。

第四部分：色彩艺术陈列

认识色彩对于青铜器艺术的意义，从本色、锈色、金色等类型阐释青铜艺术的色彩，分为四个单元。

第一单元：本色与锈色。阐释青铜器本色及不同锈色。

第二单元：本色与金色。阐释错金银、包金、镀金、鎏金新工艺使本色趋向金色的艺术选择的必然性。

第三单元：展示镶嵌绿松石、玉石等其他搭配青铜器色彩的器物。

第四单元：展示青铜器在墓葬色彩背景下的"境"，如荒帷内的色彩等。

第五部分：技术的艺术陈列

本部分共分为五个单元，按照青铜生产和交流的环节组织，分别为采矿、冶炼、合金、制造模范与成型、生产组织与贸易。

第六部分：生活文化艺术陈列

　　阐释历代青铜器赋予古人的文化功能、生活情趣与艺术体验，分为两个单元。

　　第一单元：历代仿古青铜器

　　一、展示商周复古铜器。

　　二、展示历代青铜器收藏与研究。

　　三、展示宋元明清近代仿古艺术。

　　第二单元：文人的青铜器情结

大纲方案二：

表里文章，吉金载道

　　以徐天进、陈建立、董珊等专家学者的思路为基础略做修改而成。

　　"表"是展示器类、器型与纹饰；"里"是展示青铜器背后的礼仪与故事；"文章"是展示青铜器作为历史记忆的功能；"载道"阐述青铜器蕴含的思想。展览共四个部分。

第一部分：匿形潜影、观象制器

　　主要介绍青铜器的来源，器类、造型、纹饰外在变化与寓意。分两个单元。

　　第一单元：青铜器的造型来源（仿制与创造）

　　第二单元：造型的历史轨迹

　　主要按照从早到晚的时间顺序，展示器型的变化与差异。从食器、酒器、乐器、兵器、车马器、工具六类中，每类选取两种器物，展览历代青铜器的演化与文化差异。

第三单元：造型的后世影响

汉代及其以后主要青铜器的形制流变、复古与仿制情况。

一、汉代出土铜器。

二、铜镜及铜镜文化。

三、仿古文化。

四、纹饰来源、变迁与影响。

对几种纹饰进行解读：兽面纹、夔纹、鸟纹等；在解读中先讲构图、再讲来源，需要找到现实中最接近的动物进行比较展示，再讲时代变化，解释兽面纹、夔纹、蟠螭纹、蟠虺纹的变化原因及后世影响。

第二部分：器以藏礼、格物致用

从青铜器"里"（背后）解读先秦礼仪制度与文化现象，介绍青铜器所代表的礼仪，先依共时性解读等级与文化之间的差异，再依历时性解读礼制的变迁。

第一单元：共时性——秩序

不同级别墓葬青铜器组合的比较展示和不同文化青铜器的比较展示。

第二单元：历时性——延续

历代代表性墓葬青铜器比较，展示从守礼到最终礼制瓦解的过程。

第三部分：铭铸晋史、物勒功名

从青铜器所承载的历史功能出发，按照出土文献与传世文献相呼应的方式，解读晋国形成直至三家分晋的整个晋国历史。

第一单元：先晋历史

第二单元：晋国始封

第三单元：晋国发展

第四单元：晋国霸业

第五单元：三家分晋

第四部分：炼火攻金、执简驭繁

展示青铜器铸造技术。按照从采矿、冶炼到铸造的顺序，讲述形成侯马工场大国手工业体系的原因、内涵与影响。

中国古代青铜器形制独特、纹饰华美、工艺精湛，在世界金属史上别具一格，被公认为中国古代文明的象征。青铜冶铸生产的高度发达，铸就了青铜时代的灿烂辉煌，在中国历史上影响深远。"刑范正，金锡美，工冶巧，火齐得，剖刑而莫邪已"，这是对中国先民在采矿、冶炼和陶范铸造等方面的众多发明创造的真实写照。

根据山西最新发现的青铜矿冶遗址调查和研究进展，选择典型青铜器和陶范等冶铸遗物，在展示其制作技法、形制与纹样的同时，突出展示的主题有：（1）中条山铜矿是中原地区最为重要的资源，是中华文明起源和国家形成的重要物质基础之一；（2）山西出土了黄河中下游地区最早的铜矿开采遗址，也出土了最早的复合陶范铸造的铜器，是青铜冶铸技术在中国本土化应用最早的地区；（3）山西出土了中国最好的陶范，是商周青铜器铸造技术的杰出代表；（4）山西出土了目前中国最早的生铁制品，是青铜冶铸技术发展的结果。

第一单元：青铜器制造流程

第二单元：采矿与冶炼

第三单元：铸型的设计和制作

第四单元：纹饰和铭文制作

第五单元：青铜器的成型及铸后加工

　　针对上述两个方案，专家进行了热烈的讨论。大家关注的共同点在于：技术史必须作为一个部分进行独立展示，这是山西的特色，在青铜时代独树一帜。纯粹地讲"艺术"，会削弱山西历史文化对我国古代文明的意义。根据这些意见和思路，我们开始思考青铜博物馆的展览要更多元，用更多视角，更全面地解读山西青铜器。随即我们编制完成了新的展览大纲。这一大纲从青铜器的价值入手，按照社会、艺术、历史、技术的顺序组成四个部分。

第一部分：备物致用（强调礼制的作用，并将礼制放在实用主义的背景下进行解读）

　　《易经·系辞上》云："备物致用，立成器以为天下利，莫大乎圣人。""备物致用"也就是说，制物要满足利用之目的。在商周青铜器中，无论是祭祀的祭器、生活的用器、田狩的行器、战争的兵器，还是专致鬼神的明器，都是围绕"用"这个中心制造与使用的，尽管对象不同，但其所阐释的思想内容基本一致，而铸器与使用都有一定的规范，因而形成了一种特有的"程式"（礼制）。

　　第一单元：实用器

　　第二单元：礼器

　　青铜器承载着重要的社会功能，是冠、婚、丧、祭、乡、射、朝、聘等礼制的重要载体，是维系社会秩序的重要组成部分。从山西青铜器出发，把传统定义的"礼"用现代意义的词语归纳。

　　注：序言要讲述清楚礼是什么，礼的意义与价值，礼对当代社会的启示，青铜器与礼的关系。

　　从个人出发，展现周代冠、婚、丧、祭、乡、射、朝、聘八礼，在八礼（或五礼）虚拟环境中摆放或融入青铜器。

　　一、礼制不同，使用的器物也不同，按照不同礼仪展示几类青铜器。

　　二、礼制在不同时代有不同的表现形式，按照时间顺序展示组合完整的墓葬随葬青铜器。

第二部分：顾盼神飞（从鸟尊入手讲解顾盼神飞的含义）

　　商周青铜器因为具有重要的礼制含义，在设计之初，器物造型与装饰受礼制、使用和审美三者影响，礼制约束了器物的组合与种类，但造型与纹饰的设计又时时刻刻追求艺术美。

　　第一单元：青铜器的色彩

　　用虚拟现实的方式给青铜器穿"衣"，另外配展本色青铜器与不同锈色青铜器。

　　第二单元：青铜器的造型

　　一、实用造型展示（仿照当时生活中器物的造型）

　　二、艺术造型展示（新创造的造型）

　　三、肖形器展示（仿动物或人的造型）

　　第三单元：青铜器的纹饰

第三部分：吉金铸史（依然采纳大纲方案二中第三部分的架构，只是标题有所调整）

　　从青铜器所承载的历史功能出发，按照时间顺序，出土文献与传世文献相结合，解读晋国形成直至三家分晋的整个晋国历史。

　　第一单元：先晋历史

　　第二单元：晋国始封

　　第三单元：晋国发展

　　第四单元：晋国霸业

　　第五单元：三家分晋

第四部分：执简驭繁（主要依据陈建立先生提供的展陈大纲）

第一单元：采矿

一、什么是铜？展示铜金相结构，展览孔雀石、纯铜。

二、怎样找矿？展示铜矿资源分布情况、找矿方法。

三、怎样采矿？展示采矿现场、采矿工具、采矿过程。

第二单元：冶炼

一、古代冶炼铜

二、现代冶炼铜

三、青铜器合金配比

第三单元：制范

一、制模

二、制范

三、制纹饰与文字

四、模范组合

第四单元：浇筑成型与再加工

一、浇筑

二、控制壁厚

三、修整、补铸与焊接

四、鎏金、包金、铸镶、错金银、镀金

第五单元：组织生产与贸易

一、批量化生产

二、青铜器贸易

通过多次研究讨论，大家一致认为此方案是能够落地的一个较为合适的展览思路。之后，我们感觉时间已经很紧张了，不能再纠结，需要抓紧确定主题，并付诸实施。

10月31日，宁立新同志和山西博物院张元成同志率队赴京，邀请北京大学考古文博学院的部分教授召开研讨会，听取对展陈思路的意见和建议，并希望找到一位能够推进项目实施的学者，这样能够减轻我们的策展压力，也能够抽出时间来组织展品，并能够缩短完成形式设计招投标前期工作的时间。

与会专家主要有刘绪、徐天进、孙庆伟、雷兴山、董珊、曹大志、陈建立、杭侃等老师，以及来北京开会的上海大学徐坚教授。专家们基本认同关于山西青铜器"多元"展览的思路，并强调不能单纯从"礼乐"或"艺术"的角度解读山西青铜器，这样不仅乏味，而且不能够挖掘山西青铜文化的特色，要有考古的背景，要有时间的概念。

我们也考虑到现有方案不能用一个中心主题加以概括，感觉有些散，希望孙庆伟教授帮助思考是否用"礼制"为主线来贯穿所有部分。孙教授推荐了徐坚教授。徐教授的博士论文《时惟礼崇：东周之前青铜兵器的物质文化研究》，就是对青铜兵器的制度的研究。徐教授或许能够在"礼制"的这根主线上深入拓展，尝试用"礼制"来阐释山西青铜器的特质。我们与徐教授进行了深入沟通。徐教授对这个展览很感兴趣，又提出很多新的思路。徐教授提出，如果仅从"礼乐"一个视角去策展，有些牵强，由于空间的割裂，可能会导致传达的知识结构四分五裂，而让人感到匪夷所思，不能理解。另外，创作起来也非常困难，所以不讲晋国史、艺术、技术都是不合适的。大家相谈甚欢，对展览主题和结构的观点逐渐趋于一致。筹备组领导决定邀请徐坚教授及其团队按照讨论后的结论，创作一个展陈思路的讨论稿。

11月25日，省领导原则同意了礼乐、融合和创新三个主题。27日，又征求了石金鸣、渠传福、吉琨璋、王万辉等专家意见，随后由徐教授补充完善讨论稿。

12月1日，雷建国同志亲自率队赴京，邀请在京专家召开"山西青铜博物馆展陈思路专家论证会"，会议由雷建国同志主持，徐坚教授做了方案汇报，李伯谦、李零、信立祥、王世民、高崇文、孙庆伟、韩巍、苏荣誉、段勇、黄雪寅、马金洪、王蕾共12位专家参会，时任副局长宁立新、张元成院长和韩炳华研究员均参加了会议。会议取得了重大成果，学者们充分肯定了三个主题的意义与实现途径的可行性（图3-1）。

我们的各种尝试，正是文本锤炼的过程，一次又一次的锤炼，使我们的展陈思路更加严谨和清晰。

图3-1　山西青铜博物馆展陈思路专家论证会

（二）多方调适——设计框架

1.馆舍组织分配

2019 年 2 月，山西省文物局与太原市政府达成一致意见，山西青铜博物馆与太原博物馆共同使用一组建筑群，展厅的选择和面积也基本确定。这组建筑群整体呈五个桶形，最东侧的一个桶形建筑（五号桶）是办公区，其余四个是展示区，山西青铜博物馆展示区域共有六个展厅，总面积约 1.1 万平方米。

博物馆位于太原市长风文化商务区的文化广场，这里地面不允许机动车进入，自然环境空阔而静谧，但是车辆可以停在广场下面的停车场，观众走步行梯进入广场，再进入博物馆。博物馆的出口、入口和大厅为两馆共用。

大厅中间有两部直梯、一部自动扶梯和一处步行梯。建筑的基本形制是桶形，但不是直桶形，是底部小于顶部的椭圆台体。因此越向上，展厅可利用的空间越大。从入口进入，左右两侧的两组建筑之间由连廊相接，且只有一个连廊。正常情况下，通往任何一个展厅都必须经过中间的楼梯（图 3-2）。

在青铜博物馆建设以前，这里原准备用来做太原历史文化的主题展览。其中在一号桶的四层展厅有一个下沉式的方形坑，原来是为展示赵卿墓车马坑遗迹而专门设计的。这个方形坑的格局在博物馆设计施工时已经形成，它不仅对于一号桶的四层展厅有影响，同时对其下面的三层展厅也有影响。因为这个方形坑的下半部分下沉到三层，致使三层的空间高度变小。另外，现在青铜馆的第一个展厅位于三号桶的四层，其里侧的位于四号桶四层的的展厅没有观众的上下通道，未来观众要参观这个展厅的展览，都必然要先穿过青铜博物馆的第一展厅。同时，整个建筑只设置有一个货物电梯，位于四号桶，所有文物、展览装修材料运输都必须由这个电梯进出。这些问题都是无法改变的。

馆舍与展览面积确定以后，我们需要将展览的内容与空间相适应，要充分

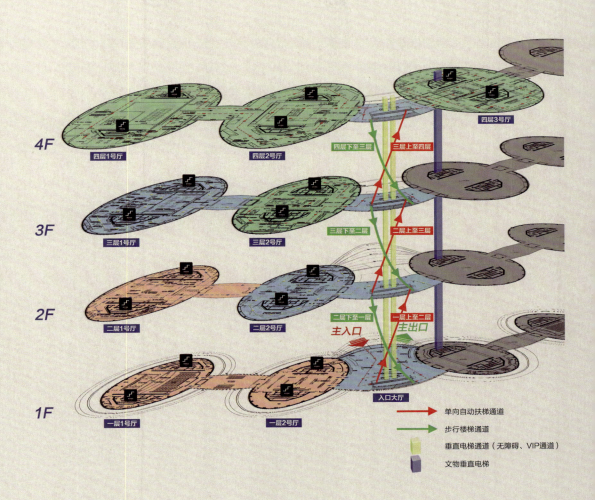

4F　四层1号厅　四层2号厅　四层3号厅

3F　三层1号厅　三层2号厅

2F　二层1号厅　二层2号厅

1F　一层1号厅　一层2号厅

四层下至三层　三层上至四层
三层下至二层　二层上至三层
二层下至一层　一层上至二层
主入口　主出口
入口大厅

→ 单向自动扶梯通道
→ 步行楼梯通道
■ 垂直电梯通道（无障碍、VIP通道）
■ 文物垂直电梯

图3-2　山西青铜博物馆结构示意

合理规划空间。在这个过程中，我们一直在解决馆舍空间带给我们的巨大局限和困难，将方案围绕着馆舍具体结构进行增减和修改。

2.文本初创

2019 年 1 月 19 日，文本初稿编撰完成，展览定名"吉金光华"。文本框架结构如下。

第一专题　礼乐华章

　　　　第一单元：华夏根基

　　　　第二单元：河汾蔚然

　　　　　　第一组：家国根本

　　　　　　第二组：规矩方圆

　　　　　　第三组：无礼不立

　　　　第三单元：三晋播扬

　　　　　　第一组：旧邦维新

　　　　　　第二组：知微见著

　　　　　　第三组：晋阳之众

　　　　　　第四组：时代洪流

第二专题　交融和声

　　　　第一单元：各美其美

　　　　　　第一组：邦畿千里

　　　　　　第二组：方国林立

　　　　第二单元：美美与共

　　　　　　第一组：重瓣之花

　　　　　　第二组：无远弗届

第三专题　天工匠心

第一单元：披沙拣金

第二单元：点石幻化

第三单元：吉金异彩

第四单元：殊途同工

第五单元：执简驭繁

第六单元：错彩镂金

第四专题　习古知今（参与式青铜学院区）

第一单元：宝从地出

第二单元：吉光重现

第三单元：格物知古

第四单元：透表见里

第五单元：古今同心

第六单元：古为今用

　　大纲的主要思路是以山西出土的青铜器为基本材料，全面展示山西青铜文明的历史成就，提炼总结山西青铜文明在中华文明的形成和发展过程中的重要贡献。青铜博物馆将立足青铜，着眼文明；立足山西，着眼全国；立足三代，着眼当下。

　　展陈内容亮点有三：

　　（1）物质层面：涵盖技术、生产和经济等方面。山西拥有从采铜、冶炼到铸造的技术过程的较为完整的考古材料。其中，闻喜县千金耙遗址是目前国内发现年代最早的采铜遗址之一，而绛县西吴壁遗址是目前已知年代最早、规模最大的冶铜遗址之一。襄汾县陶寺遗址出土铜铃展示了复合范铸造技术的初始形态，而侯马铸铜遗址代表了先秦时期最先进的块范铸造工艺和最发达的铸铜工场体系。

（2）社会层面：涵盖政治制度和社会结构等方面。以临汾市曲沃县曲村墓地和北赵晋侯墓地、翼城县大河口墓地，运城市绛县横水墓地，长治市分水岭墓地，侯马市上马墓地为代表的墓葬群构成目前国内已发掘的规模最大、延续时代最长的两周时期贵族墓地。西周时期晋国青铜器铭文是唯一能够印证《史记》关于诸侯世系记载的出土材料。山西的两周时期青铜器准确而完整地展现了当时的社会制度和文化结构。

（3）精神层面：涵盖艺术、宗教信仰等方面。山西青铜器在艺术造型和纹饰刻画上取得了令人瞩目的成就。

基于展馆建筑特征和展陈主题，拟设计总序厅（首层入口大厅）、基本陈列区（四层四个展厅及连廊）、参与式青铜学院区（三层一个展厅）和临时展陈区（二层两个展厅），共计四个部分。

展厅总面积约 1.1 万平方米。开馆时预计使用的区域包括：序厅约 600 平方米，基本陈列区 7000 平方米，青铜学院区 1200 平方米，剩余区域为临展厅及其他公共空间。

理论上，基本陈列需要 1200 ~ 1500 件（组）展品，青铜学院区需要 100 件（组）展品。目前全省青铜器资源有秦汉之前的青铜器 8715 件（组），其中三级文物以上青铜器 2405 件（组），基本能满足展陈需求。

虽然考古发掘出土的青铜器是展陈主体，但是展品不应以此为限。展陈需仿制收藏在国内外其他博物馆的山西青铜器约 60 ~ 80 件（组）。此外，展陈需要与青铜器配套使用的其他文物，预计包括玉器 50 件（组）、盟书 50 件（组）和陶器 10 件。

3.核心·辅助　支撑·扩展

展陈设计采取多层叠加配置，做到既能全面覆盖，突出重点和亮点，又能提供丰富而多元的支撑资料，满足不同层次观众的需求。展陈层次主要包括四方面：

（1）由馆藏实物构成的核心层。包括青铜器[每个展厅至少300 ～ 350 件(组)，但不超过 10 处亮点] 、玉器、陶器、骨器。

（2）通过技术和艺术手段实现的辅助层。包括以雕塑、沙盘为代表的模拟展品和以仿制品、3D 打印及艺术创作为代表的辅助展品（主要针对收藏于其他博物馆的山西青铜器，以及"开放触摸"的展陈品）。

（3）由文字、图像、数字技术构成的支撑层。包括说明牌、拓片、线图、照片、音频、全息影像等。所有展厅都需要严格控制文字量，尽可能将文字转换成为图像、音频或者视频，不对观展造成负担。展厅墙面文字应该按照核心文字（标题、单元说明和组说明）、基本信息文字和扩展信息文字进行区分，并且通过展板底色底纹上加以标识。

（4）通过数字和网络技术实现的扩展层，即遍布全馆的智慧博物馆体系。智慧博物馆的"总入口"设置于序厅之中，所有展陈品的扩展资料、数字导览系统等都包括在此系统之中。

针对多元化的观众组成、参观目的和具体环境限制，青铜博物馆以展陈器物为基础，结合智慧博物馆的优势，形成多线套叠交错的展线体系。常规展线是根本，少儿展线、可触摸的青铜体验展线、开放的个性化展线等所有其他展线都是在此基础之上选择和组合而成。资源密集、多条展线交汇的节点构成基本展陈的要点和亮点，节点处会形成展线高潮。

空间和形式设计上要兼顾传统和现代，谋求在尊重传统的基础上，突出对青铜器和青铜文明的现代关怀。因此，展厅设计应该追求稳重而不失灵动，经典而不乏现代的风格。展厅设计切不可沦入沉闷、缺乏节奏和细节的变化。

展厅用色上希望兼顾统一和区分，基本陈列各展厅色调谱系应该高度统一，但是和互动式青铜学院区应该有所区分，后者更偏明亮。

全部展陈空间（含序厅、通道、展厅和连廊）的装饰性设计（如浮雕、展板底纹、图例等）都尽量采用馆藏文物元素（器形、纹样等）。并在装饰性元素旁都标注"Find Me"，引导参观者到相关文物展柜。

4.展线适应

策展团队完成了一个相对完善的文本初稿，有些内容是在前期基础上的深化，有些是新加的内容，如"青铜学院"。但其中也存在一些问题，比如：从时间上看，第一专题将陶寺与周代晋文化、晋国青铜器直接衔接，有断层感；第一专题三个单元与礼乐的关联性不强，不容易使参观者从历史的角度理解主题的意义；第二专题单独成篇讲交融，忽视了晋文化在文明交融中的重要作用和历史意义。但我们最初的想法是将其单列出来，抛砖引玉，以便听取大家意见。

文本草稿完成以后，我们咨询了专家，专家们提出来不少问题。最关键的是馆舍空间局限的问题如何在文本中得到巧妙解决。因为内容设计最初并没有完全从展线与馆舍的客观情况出发，而且我们当时的确也没有什么好办法。

在文本完善的过程中，为了更完整清晰地讲述展览的逻辑，我们理想化地将很多用于各个博物馆基本陈列的青铜器列入文本。在展品征集时，无疑会遇到一定的阻力。我们都能理解，任何一家单位都不愿意将精品借调走。同时，展览文本中选取了很多近年来的新考古发现，大量新材料尚未发表，这恰恰正是"吉金光华"能够吸引观众的主要特点。尤为让我们深有感触的是，山西省考古研究所的领导和同仁政治站位高、大局意识强，在资料搜集和文物借调中给予了最大的支持。

针对文本初稿，我们开始了长时间的讨论和修改。在讨论中，也有多个展览公司和形式设计的专家参与其中。我们觉得内容必须先与三个问题很好地调

图3-3 "数字青铜"专题"寻根问底"数字魔屏

适，然后再考虑完善展陈思路。这三个问题，一是馆舍，二是展线，三是文物。馆舍的配置现状确定了能安排四个展厅的基本陈列。我们对"青铜学院"原始文本进行了深化和部分修改，完成了基本陈列的一个补充文本，这个文本既包括"探幽寻胜"的青铜学院内容，也包括"数字青铜"的展厅（图3-3）。我们可选择的展厅中恰好有一个展厅很适合做"青铜学院"，即一号桶三层，这里的空间高度不够，不适合做展览。而做一个互动的教育场所，它的高度勉强够用。但是这个教育空间没有独立的出入口，必须先经过一个基本陈列展厅才可以到达，不方便，但我们没有办法解决这个问题。

"数字青铜"这个专题，主要目的是利用数字技术创造一个互动的、能吸引年轻观众的沉浸式体验空间，其中第四单元"晋地正音"大型等身幻影成像的内容和形式设计非常费力，我们几易其稿。负责该标段的北京清尚建筑装饰工程有限公司投入了大量设计人员，双方最终达成共识，使结果得以完美呈现，实属不易。

空间设计团队依据文本内容设计了一个展线，这个展线基本没有重复的线路，而且考虑到了每个桶形建筑中消防通道所带来的空间分割，并将这个区域设计为一个最主要的展示区，这样就更好地利用了这个结构。实际上，一个桶形的展厅就被大致分割为三个部分。我们重新规划展线，然后根据展线再来微调内容，使其起伏得当，观众观展更舒适。

在梳理文物展品的时候，我们总感觉缺少明星展品，缺少"重器"。就在这时，山西省公安机关在 2019 年 4 月和 6 月，分两批向山西省文物局移交打击文物犯罪追缴文物共 2 万余件，且多为青铜器，里面不乏"重器"，如义尊、晋公盘、懋尊、懋卣、鼓座等，极大地充实了展览内容，成为"吉金光华"的重要组成部分，为展览的华丽面世书写了浓墨重彩的一笔（图 3-4、图 3-5）。

（三）最终凝练——"器"与"道"

随着展览文物越来越丰富，围绕展品与空间，我们开始思考一些以前不能够思考的问题。而有的问题还是老问题，只不过是将它们重新翻出来思考。

能够达成一致的是，大家都认为展览定位是基于山西的资料，通过古代山西的文明来看中华文明的形成与演化进程。由此，我们共同制定展览的原则：不可太学术化，太深奥的知识会让很多观众失去耐心，但也不可过分追求通俗化。要在学术基础上升华，不能低估当今社会文化传播的广度与深度，不能低估观众日益增长的文化水平和鉴赏能力。要把传递知识与传递文化作为中心，重视思想的价值，重视启迪心智，从而启发观众从展览中得到启发。

基于以上原则，经过大家轮番讨论，我们还是认为基本陈列内容的三个专

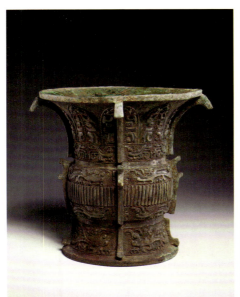

图3-4　懋尊（西周）/ 器内底铭文（上）
图3-5　懋卣（西周）/ 盖内铭文（下）

题之间应该有一个逻辑关系，于是有了下面的思考：

　　人类文化发展的三个层次实际上就是器物、制度与精神，三者之间是一个层层递进的关系，是由形而下的"器"到形而上的"道"。通过器物看技术、看艺术、看制度与规则、看社会与国家，正是我们对技术、礼制与融合三个主题的诠释，三者构成了文本的一个很好的逻辑。为更好地将这一逻辑关系表述清晰，我们调整了第一、第二专题的顺序。第一专题按照时间顺序，讲述器与国的关系，实际是由青铜器所看到的文化发展最高层次的"精神"意义。第二专题讲述"制度"。礼制就是一种制度，有有形的，也有无形的，无论是有形的，还是无形的，都是规范社会的一种方式。第三专题讲述技术，这是看得见的、摸得着的，与"器"结合最紧密的。尽管观众是按照一、二、三的顺序来观展，但是倒过来也是一种逻辑，且是我们所考虑的从"器"到"道"的"正确逻辑"。不过，考虑到多数人的观展习惯，也就是按时间顺序的习惯，我们像现在这样反过来布置分配展厅的方式也是妥当的。这一调整，不仅使文本逻辑比较顺畅，而且第二专题的内容刚好把馆舍的局限性给克服了，即赵卿墓车马坑的位置刚好调整在"礼乐春秋"这一部分的中部。

　　最终文本的第一专题"华夏直根"（后改为"华夏印迹"），主要说"精神"，用苏秉琦先生的《晋文化颂》后两句"汾河湾旁磬和鼓，夏商周及晋文公"来划定起止，即起自陶寺，终于晋文公，分三个单元。按照时间序列，给人的感觉是从早到晚，有整体概念。首先用陶寺文化阐释青铜文明的"先声"，以及在世界文明史上的坐标。入夏代，没有展品，省略。再后转入商代，"率土内外"单元主要是展示商代青铜器，但并没有按照从早商到晚商的时间顺序，而是按照空间的实际情况，先谈与王朝都城较近的遗存，再谈较远的，重点揭示商王朝对商都西部区域的管控模式，并阐释山西对商文明所做的贡献。"近畿"与"边域"两组，以不同文化风格来阐释中华文明多元的文化传统与文明交流的历史渊源。有内有外，有松有紧，主线逻辑清晰，核心亮点突出。

进入西周，主要讲晋国的历史和文明发展的高度。"赫赫晋邦"单元看板文字如下。

赫赫晋邦

公元前 11 世纪，武王伐纣之后，新建立的西周实行了有别于前朝的统治策略。"分封建国"政策先后确立了七十一个诸侯国，与周王室同属姬姓的达到五十三国，晋便是其中之一。

晋国建立之初，周围方国林立，诸戎环伺。武公、献公以降，晋国逐步兼并周边诸国。文公时，会诸侯于践土，晋被推为盟主，由此晋国成为称霸一方的大国，"天下扼塞巩固之区，无不为晋有"。

本专题的时间节点截止于晋国最强大的时候，即春秋中期，中期以后不再叙述，否则会与第二专题"礼乐春秋"中的"赵卿之制"单元内容重复。到这里停止会不会显得突兀？这需要观众认真理解苏秉琦先生的《晋文化颂》及我们总结的单元说明。

和两周时期的众多诸侯国一样，晋国已经湮没于史籍之中，连诸侯世系都迷雾重重。正是通过无比丰富的青铜器铭文资料，特别是来自曲村—天马遗址及晋侯墓地的考古新发现，我们才找寻到成长于河汾之东"天下莫强焉"的晋国的草蛇灰线。

曲村—天马遗址及晋侯墓地小组内容之后，展览空间大部分留给了翼城大河口霸国墓地和绛县横水倗国墓地出土的青铜器。这些文物不但数量丰富，而且精品迭出，视觉上给人强烈的冲击，倗国和霸国的文明程度看似超过了晋国。这个不好理解，到底是谁强大？谁的文明更发达？晋国终于灭掉周边的小国，是历史事实。倗与霸在历史文献中都没有踪迹。考古发现把这段文明给续补出来，有十分重要的意义。我们的展览设计可以从侧面表达主题，就是说无论倗和霸有多么高的文明发展程度，都难以摆脱被灭国的命运，其原因是东周社会发展的大趋势不可阻挡。

围绕着最初的主题"融合"看，这一专题不仅讲述晋国逐渐强大的过程和植根于深厚文明沃土之上的晋文化，还要阐释晋国周围的佴、霸等代表的"怀姓九宗"的文明。青铜文明多元性与晋文化的发展过程，处处反映了中国古代文明的特质。

在第二专题"礼乐春秋"，所有的单元逻辑也都要靠近这个主题。

礼乐文明是中国古代文明的重要组成部分。礼和乐相辅相成，构成完整有序的社会政治文化制度。大到治国安邦，小到个人修养，礼乐制度指导和规范着社会生活的方方面面。这是我们对"礼乐文明"的理解，但随着时代的变迁，青铜器与礼制之间的关系逐渐松弛。汉代以后，青铜礼器逐渐淡出了历史，但礼乐制度的精神已成为中华民族的财富。

用青铜器来阐释"礼乐"，先说器用制度，器用就是组合。如何呈现组合关系？我们按照传统分类如下：第一单元将最重要的礼乐部分放在首位，定名"钟鸣鼎食"。其后将兵器与车马器放在一起，起名"我武惟扬"。带钩、铜镜、工具、弄器，是区别于铜礼器的青铜器，我们把它们和"自身修养"联系起来，起名"立身以礼"。接下来把发现的山西以外生产的或非晋文化风格的文物集中展陈，这些青铜器的量不是很多，但很有特色。这些青铜器有的来源于考古出土，有的是旧藏，有的是追缴文物，不能明确说和主题都有联系，因此起名为"礼通四方"，一语多义。如果这块内容未来有更好的办法替换，可以适时整改。

礼乐制度关联的两个重要制度，一是分封，二是宗法，这两个制度是理解商周社会的两把钥匙。要搞清楚礼乐制度，先要理解这两种制度。理解了"分封制"与"宗法制"，才能理解张光直的话："从本质上说，中国古代青铜器等于中国古代政治权力的工具。"

青铜时代，统治者在实现良好社会秩序的措施上，将青铜器作为一种"工具"，是那个时代的特色。而如何进行表征，又是需要我们煞费苦心的。如鼎簋制度是最为清晰的等级制度的体现之一，一直被视为先秦礼制的核心。《春秋公羊传·桓公二年》何休注："礼，祭天子九鼎，诸侯七，大夫五，元士三也。"虽然目前两周考古资料并不能佐证如此清晰严格的等级化鼎簋制度，但是，从西周晚期开始，成套使用的青铜礼器的出现说明这种观念在逐步形成，青铜器数量和种类上反映的等级差异日益清晰。晋侯墓地就是最好的例证。

晋侯墓地是墓主人身份比较明确的墓地，其中93号和102号墓葬又是最直接的阐释鼎簋制度的材料。晋侯墓地93号墓是带双墓道的中字形竖穴土坑大墓，葬具为单椁重棺。墓中随葬实用青铜器16件，包括五鼎、六簋、两壶，以及盘、匜、甗各一件。另出明器一组，包括鼎、簋、尊、卣、爵、觯、盘、方彝各一件。墓中还出土青铜乐钟2套，每套8枚。墓主人为男性，据此，专家推测墓主人为晋文侯。晋文侯是史书中记载的少有的对周王室做出重大贡献的晋侯，曾辅佐周平王东迁，诛杀周携王，为东周初年的局势稳定起了重要作用。有很多青铜器可以用于讲述这一时段的故事来复原历史场景，如陕西韩城市发现的晋姜鼎，"晋姜"就是晋文侯的妻子。还有保利艺术博物馆收藏的戎生编钟，戎生的母亲来自戎人家族，戎生的祖先侍奉周穆王，父亲改臣晋侯。两件器物铭文都记载了用盐换铜的事情，所以晋文侯是一个"有故事"的人，因此这里既要阐述礼制的内容，又要讲述更多的历史故事，所以这里做了重点展示。

这一单元，形式上是按照器类进行展示的，器物主要是以组合的形式出现。我们对组合中的食器各类，酒器中的尊、卣，水器中的盘、盉与盘、匜组合的变化展示都做了精心设计（图3-6）。展览重点要在食器组合部分侧重讲述古代"宴享"礼仪。水器组合部分重点讲述沃盥之礼。"沃盥"就是"沃灌"，指浇水洗手。沃盥之礼是周代人使用盘、匜进行的洗涤之礼。《左传》记载的"奉匜沃盥"的典故，后来成为表达尊重的代名词。这是晋文公归国故事的一个插曲，以此更好地把晋文公的故事与礼制文化融合在一起。在丧葬用器部分，展示了一些新的考古材料，主要是春秋早期出现的复古青铜器，这些青铜器多是明器。配合展览的铺陈内容是丧葬的程式与规制，让人们对比古今丧葬程式的异同。

沃盥之礼

贵族在礼仪活动时遵行的一种礼制。《礼记·内则》："进盥，少者奉盘，长者奉水，请沃盥，盥卒授巾。"即用匜水方主人冲洗双手，年长者执匜在上方淋洗，年少者端盘在下承接，冲洗完毕，以巾擦手。沃盥之礼西周时期多为盘、盉组合，春秋时期多为盘、匜组合。"奉匜沃盥"的表现是对等级和礼制的生动阐释。

《晋文公复国图》卷之《奉匜沃盥》
南宋·李唐 美国大都会艺术博物馆藏

图3-6　盘、匜组合展示

在乐器展示空间内，主要讲述编钟、编镈的使用，这是西周中期之后的礼制生活的新现象。编钟的数量和悬挂方式具有区分等级的意义。在主线中，我们按照年代早晚的逻辑布置，通过七组大小不一的编钟编磬组合，以及铜鼓座等乐舞文物，彰显了山西地区在华夏文明发展的重要阶段的特殊贡献。

辅线是广州美术学院老师以师旷故事为主题创作的油画《师旷抚琴图》。油画位于一个通廊的尽头，左右分别为编钟和编磬，与展品融为一体（图3-7）。师旷是春秋时期晋国大夫，是中国古代最著名的音乐家之一，被尊为"乐圣"。他最早提出"民贵君轻"的为政理念。他生而无目，博学多才，精音律、善弹琴，据说他能听到天庭的声音，他抚琴时，能使凤凰来仪。这幅油画就是根据这些历史记载和传说创作而成的。此处意在使观众能从略显枯燥的青铜文物中游离出来，通过对大幅油画的欣赏，了解那一段历史和人物故事。同时，这幅油画也能使观众对山西的历史文化产生更具象的理解与认识。为了创作这一油画，文本组策展团队与画家黄倩南老师进行了长时间的交流，先给命题，再给空间，创作中不断根据历史场景修改细节，并尽量挖掘历史图景背后所蕴含的意义，最终改定成现在看到的画面。

对于日用器物，怎样来阐释礼？这是一个不易把握的问题。我们将翼城大河口2002号墓出土的霸姬盘拿来展示，因为盘内底上刻有铭文153字讲述了霸姬向穆公诉讼"乞"未遵守穆公命令移交仆驭臣妾，穆公命令乞发誓听命之事。约信起誓，是那时的习俗，也是法规。一旦失信，就会面临罚金、受刑和被逐出宗族的危险。霸姬盘阐述誓约，也反映了这种礼制。这种礼制可能是非国家制度的，却是约定俗成的规范行为，也是达到秩序的方式（图3-8、图3-9）。其后的铜镜、带钩及一些弄器展品，也可以证明礼乐制度已经渗透到当时人们日常起居和为人处世的每个环节，到汉代及以后演变为儒家强调的安身立命的知识体系。因此"立身以礼"，需要深入解读，观众才能明白。

《论语》中说："不学礼，无以立。"这是说不学会礼仪礼貌，就难以有立身之处。因此，礼处处存在。在商周社会，贵族之间表达"礼意"，需要"礼物"。

图3-7 油画《师旷抚琴图》

"礼物"有轻重优劣之分，人就有贵贱高下之别。带钩、铜镜及一些日常工具，看似虽小，但与贵族生活息息相关，"圣人见此意思好"，就把他们纳入贵族阶层的礼制中去了。所谓的"意思好"，不仅仅是有用，还有就是能更加方便地表达"礼意"。这也是礼制发展到春秋时期后形成的新现象。

我们策划的逻辑与展线虽然基本被认同，但问题是，空间的约束对内容组织提出各种具体的要求，如下沉的车马坑空间必须展览赵卿墓的车马坑。这个空间和内容协调了，展品组织又成了新的问题。最终我们确定，将山西博物院"晋国霸业"专题最重要的一块内容——赵卿墓的全部文物都集中在青铜博物馆的一个单元中做重点展示，名为"赵卿之制"。这样一号桶四层的整个展厅都能够安排得非常丰富，既在形式上解决了空间问题，又在展品上满足了这个展厅的空间需求。但是，内容上还要和"礼乐文明"相对应。我们需要修改文本，向前与"礼乐文明"的个人礼制方面对接，向后与三晋以及汉代青铜器反映的新的礼制制度内涵协调。同时调整展品，贴合内容。

要想完成上述的思路，必须以另一种视角看待"礼崩乐坏"时代的青铜文明。我们总结了这个时期的礼制的特征：

春秋以降，社会变革，周天子势衰，诸侯争雄，战争频仍，礼仪制度对人的节制越来越松弛，人们长期供奉的权威不再令人敬畏，现实生活的需要与日益膨胀的欲望，使社会越来越趋向于实用和功利。

晋襄公时，赵盾得阳处父援引，执掌了晋国的国政，赵氏势力由此强大起来。

图3-8　霸姬盘展示（左）
图3-9　霸姬盘铭文（右）

图3-10 赵卿墓列鼎和镬鼎展示

至赵鞅时，公室衰微，贵贱失序，冠履倒置，愈加严重，而随着社会的进步和技术的发展，不断膨胀的财富诱发了追求奢侈之风。从太原金胜村赵卿墓中可以"窥一斑而知全豹"（图3-10）。

春秋战国之际，由于社会变革加剧，旧的礼制藩篱被打破，自由的思想突破重围，礼制发展出了新的形式。接着，在"古韵新风"这一单元，我们主要强调从重视"礼物"到重视"仪式"的变化。

我们知道，在赵简子与其子襄子的时代，既是晋国公室没落，"政在家门"的年代，也是一部分卿大夫衰落凋零，一部分卿大夫强势崛起的时代。范氏、中行氏和智氏相继覆灭，韩、赵、魏鼎足而三。周威烈王二十三年，晋大夫魏斯、赵籍、韩虔受封为诸侯，三家分晋。在中国历史上，这成为春秋和战国两个历史时期的分界点。但晋文化并未消亡，而是以三晋文化传统延续下来，并发扬光大。

我们基于对礼制的新的认识，编写单元看板文字如下。

古韵新风

战国时期，列国争雄，变法图强，百家争鸣，变革是时代的主题。青铜器作为传统礼制重要载体也发生了新的变化，三晋青铜器成为整个中原地区的杰出代表。其精巧的造型、广泛的分布，反映了这一时期商品经济的发展。新的礼器组合鼎、豆、壶的出现，反映出"礼"随时代的潮流而改变。

秦汉以降，中国社会由列国纷争走向多民族统一。青铜器不再居于社会文化的中心地位，而是步入寻常生活。质朴、实用的风格，折射出别样的时代精神。

第三专题"技艺模范"，是讲晋国铸铜技术与艺术。在技术部分，从采矿、冶炼、合金配比、铸造工艺等几个方面分别将铸铜的环节解读清楚。这一专题的主要目的是向公众阐释侯马晋国晚期青铜铸造工场，说明青铜生产的重要意义，即"执简驭繁"。采矿与冶炼部分的讲述是为这一主要内容做铺垫，以最新的考古成果闻喜千金耙遗址和绛县西吴壁遗址来展示山西在夏商时期的采冶成就。

晋国迁都新田后，生产力再度飞跃。规模庞大的侯马牛村和白店铸铜作坊的发现揭示出青铜器生产技术上的革命。这里出土陶范数以万计，出土青铜器器型和纹饰涵盖了东周时期晋式青铜器的多数类型。更为重要的是，陶模和陶范的模块化生产反映出全新的设计理念和工艺技术。

侯马铸铜作坊里出土的大量模块和范块，反映了模范铸造技术上的一次重大变革。这里既可以见到用来翻范的泥模，也可以见到用模翻出的泥范，还有可以重复在外范上压印纹样的模块。这是一种可以省时省力的标准化生产的雏形。在这里，不仅要解读清楚青铜器铸造的步骤，还要更深层次地揭示出晋国铸铜工艺的成就。尽管难度很大，但这块内容不能缺失，而且要尽可能让观众看得懂，并要尽可能展现新田铸铜工场标准化生产的当代价值（图3-11）。

范铸青铜技术在长期积累和不断创新中，生产了大量引领时代潮流、出神入化的青铜作品。从最初的一个简单的青铜工具，发展到集更多同构手法综合运用制作

图3-11 复原青铜器铸造流程（上）
图3-12 "铸物象形"单元场景（下）

而成的青铜器精品，设计者用娴熟的手法，把时代的思想、社会的价值取向和个人的艺术追求，更加自然、更加流畅、更加完美地表达出来。

晋系青铜艺术这个单元只占大约三分之一展厅的空间，又是一个半圆形的空间，不太好填充更多内容。但青铜器作为当时艺术创作的"财富"，很需要被细致地展现出来。我们的设计是将造型与装饰的艺术进行集中呈现，并将其总结为三种艺术形式，即具象、意象与抽象。具象的艺术，就是来源于自然界的动物形象，是青铜器创作的重要素材。整体构型上，容器的功用与动物形体相结合，在动物的身体部位保留空腔，这种写实的动物形器物具有强烈的现实感。意象，来源于现实中的动物，但在现实中又不易找到实物与之一一对应。它们或是多种动物的组合体，或是结合了对一种动物肢体等部位的臆造，仿佛象征一种超过寻常动物的力量和超自然的能力。设计者、铸造者及使用者心中应该有图腾的概念。意象的艺术在发展中被图案化，首先是因设计布局的需要而被图案化，另外深层次的原因是，图腾的概念逐渐被淡化。一种纯粹的带状纹饰出现并逐渐形成较为抽象的图案，如窃曲纹就是这样的。青铜器从早期的单线条图像，到三层花纹饰，再转变到充满画面的多方连续纹样，抽象图案逐渐成为后世流行的装饰艺术（图3-12）。

另外，新的工艺带来新的艺术形式。令人遗憾的是，青铜器艺术的呈现未充分展开。原本设计的错金、鎏金、贴金、铸镶等艺术精品展示，由于空间局促而没有表达。

（四）思路余韵

　　上述是展览内容设计思路形成和不断修改的过程。内容设计是展览的灵魂。当然，很多在实施过程中的修改、增删，并没有在文本中一一显示。很多内容是在边思考、边布展、边修改，不断往复乃至不断否定的过程中锤炼成的。在最后的两个月中，策展团队成员刘玉华、杨勇伟、安放琪、崔跃忠和研究生冀瑞、席国斌、宋潇、呼丽娟等在库房里进行了模拟陈展，展厅施工完成时，我们也及时完成了陈列定位，节省了宝贵的时间。

　　创新在展览中非常重要，创新才有生命力，我们希望观众从我们策展的创意中获取灵感。因此，无论是大的框架结构，还是小的展品个体，我们都努力追求展览创新，追求言简意赅。实践中，我们尽可能减少长篇文字的说明，多以图说事、以图说史。铺陈中增加原创艺术展品，这些原创作品都是艺术家的创作，有雕塑、油画、版画，还有中国画。还有就是辅助的展线上有很多仿制品，它们几乎涵盖了目前所知晋与三晋的著名的有铭器物。这些铺陈资料将会带领我们更加深入地理解晋文化及晋国背后的故事。尽管一般的观众还很难看明白上述艺术品和青铜器复制品，但随着青铜器知识的普及，相信观众终将会理解我们的设计意图。

　　山西青铜博物馆，从最初仅有一个想法到最终开馆，前后用时不到 10 个月。整个过程中，专家学者、普通大众、政府官员、职业策展人无私地贡献着他们的智慧。尽管策展团队很多次因文本中的一个小问题争吵得面红耳赤，但一个好的展览必定是集思广益的，每一种声音都应当受到尊重。因知识结构的差异和审美观念的异同，展览不能够满足所有人的需求，但我们一直力求正确地传达知识，并不断地追求学术创新，使"高冷"的文物通过展览让观众体会到历史、文化与艺术的温度。在这一过程中，框架的搭建，文本的写作，设计的深化，展品的组织与研究，凝聚了很多人的智慧与心血，可以说这把火焰是众人一起点着的，山西青铜博物馆的展览是大家智慧的结晶。

《荀子·劝学》里有一句话："无冥冥之志者，无昭昭之明；无惛惛之事者，无赫赫之功。"我们庆幸用我们所掌握的知识，把集体的智慧汇集成了一个展览，完成了这样一个艰巨的任务。尽管有很多遗憾，但是我们收获了自己最满意的果实。在那些紧张的日子里，我们结识了很多朋友，学到了很多知识，明白了不少人生道理。

二、何以呈展

青铜，自扎根于中华大地以来，就被赋予了太多的精神内涵。从单体器物的形制、装饰和文字，到不同器物的组合形式，无不体现着中国人特有的思想意识。进而在中国历史上，围绕着它们发生了无数的事件和演义，共同构成了神秘而多彩的文化遗产，一直影响到今天我们的思想和生活。

对于跨越几千年的文化传承，我们怎样在一个浓缩的展览里精准地将其加以呈现？如何能在当代社会，尤其是广大青少年观众中引起共鸣？这对形式设计提出了巨大的挑战。设计团队在认真学习文本的基础上，通过与不同领域专家学者的多次讨论，确定了设计理念，以展示山西青铜文物为核心，辅助运用综合媒介及影像艺术，精准地发掘青铜器所传达的精神内核，达到由"器"至"道"的升华。艺术风格兼顾传统，突出现代人文关怀；空间设计大气通畅，诠释宏大的历史主题；展陈形式简洁明了，突出观展效果；环境营造突出情境化、互动式和智慧化设计。将"文"

意转化为"情感"空间，以场景和影像等艺术表达，营构叙事空间，唤起观众的情感体验。

（一）构建空间环境

构建展示空间环境，是设计师接手一项展览任务时面临的第一个问题。山西青铜博物馆展厅空间的基本特点，在"何以立展"一节中已有表述，在此不再赘述。

在功能空间设计上，首先，我们要从满足博物馆的展陈功能出发，以陈列内容为灵魂，发掘原有建筑的空间优势，使展陈空间与建筑空间形成理想的展示互动。根据观众的心理特点，从行走参观、视线移动、审美注意等方面，按观众从室外进入室内这一系列不同的空间变化来进行设计。其次，围绕陈列主题，通过隔断、展板、展台、展柜、场景等展具与有关设备的组织排列，形成个性化展示空间，以此来达到规划空间的目的。

独立的椭圆形空间、由中心走廊互通是山西青铜博物馆建筑群最大的结构特点，形象点说就像串起来的糖葫芦。每个椭圆形展厅空间的中部对称分布一个梯形空间作为设备间、洗手间与消防通道。于是，展厅遂形成像双黄蛋一样的结构，又像动物的两个"鼻孔"，这样独特的建筑形态有着非常明显的优缺点，优点是每个椭圆形空间中心形成最核心的区域，缺点是单一通道对展厅动线的规划会产生制约，会产生动线叠加的问题。

最初我们希望将第四层的四个展厅均用作山西青铜博物馆基本陈列，也就是第四层主通道左右两边各分布两个展厅，因为展览在同一层整体性会更好。但由于展馆结构的特殊性，要通过中间主通道将四个独立的椭圆形展厅串联起来，在动线上存在很大的问题。我们根据展览内容设计出两个平面的概念方案，每个方案都有其优缺点。

方案一的优点是每个展厅分别展示相对独立的主题，互不干扰，与建筑结构结合完美，空间形式与色彩既有差异化又可统一，缺点是参观流线会有局部重叠（图3-13）。

方案二的优点是参观流线可按照顺时针方向布局，不会交叉重复，缺点是椭圆形空间被切分，与建筑空间结合得不够完美，各部分空间形式与色彩不好统一（图3-14）。两个方案都不能达到大家理想的展陈空间效果，最终只能决定从根本上解决问题，那就是重新挑选展厅。

经过多番会议讨论和权衡，我们最终决定选用四层的三个展厅和三层的一个展厅作为"吉金光华"三个实物展示专题的空间，四层3号展厅规划第一专题"华夏印迹"，1、2号展厅规划第二专题"礼乐春秋"，三层2号厅规划第三专题"技艺模范"。将三层的1号展厅与二层的2号展厅定为两个互动教育专题，分别是"探幽寻胜"和"数字青铜"，把二层的1号展厅确定为临时展厅，把一层的1号展厅作为编钟表演区域，把一层的2号厅作为文创展示空间。这样既保证各部分内容的完整性，又能与建筑完美结合，整体参观流线从上而下，可按顺时针方向参观，各部分衔接非常顺畅。由此基本确立了山西青铜博物馆的空间格局。

设计师对内容文本的学习与理解程度，是决定一项陈列设计工作能否成功的重要因素。当前社会分工越来越细化，博物馆与社会力量合作筹办展览已成为一种趋势。专业展陈公司的设计师在空间环境构筑、专用设备设计、施工设计、材料应用等方面具有丰富的经验和专业优势，但对各类历史文化类展览的内涵理解明显有不足之处。而内容文本编写人员对空间环境、色彩性格、展陈手段等形象化的设计领域又缺乏足够的专业了解。因此，两相结合是取长补短，完美实现设计目标的必由之路。而两相结合的前提就是设计师要"补课"，要学习与展览内容相关的历史知识，只有在对展览内容与历史背景具备一定的知识储备量后，才能与内容编写人员

主展线：**1263**m

辅展线：**245**m

少儿展线

视觉障碍展线

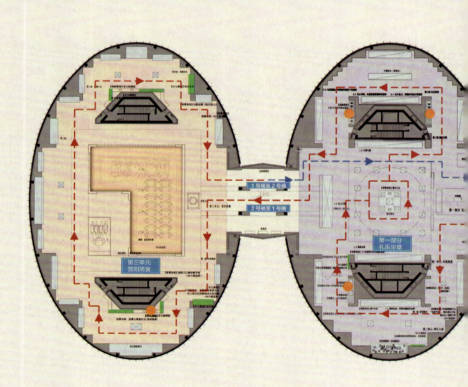

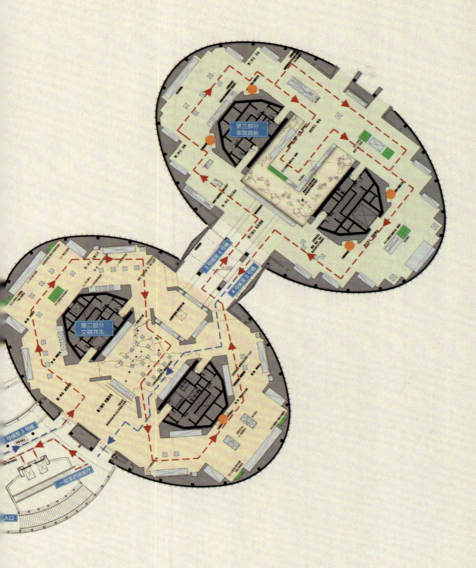

图3-13 方案一

第一部分：礼乐华章

第一单元：华夏根基
第二单元：周礼大成

第二单元：晋阳简襄

第二部分：交融共生

第三部分：革故鼎新

休息互动查询区

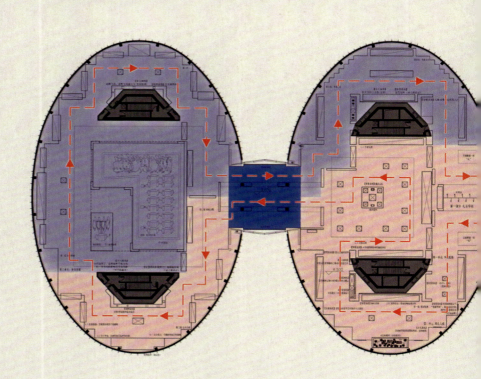

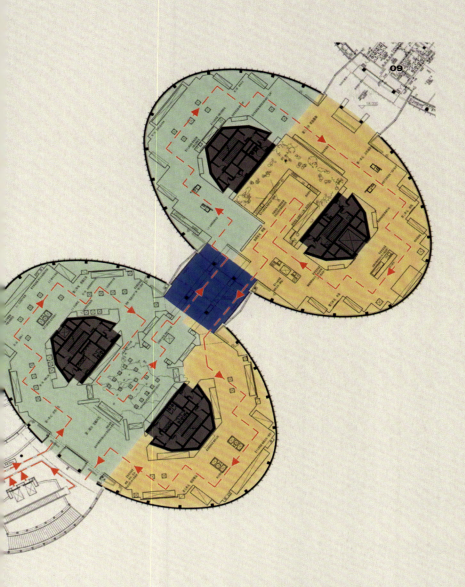

图3-14　方案二

进行有效对话，才能更好地理解内容编写人员的构思，甚至从专业角度提出自己不同的理解与创意。虽然山西青铜博物馆的展览建设周期非常有限，但我们还是对设计人员提出了这样的要求。从展览实践的结果来看，参与青铜博物馆展览设计的工作人员在这个方面确实下了不少功夫，备了不少课。

1.确定展览主基调

确立一个展览的主基调，也就是主要的色彩体系，是塑造一个展览性格特点的主要手段。设计团队通过对内容文本的深入解读，对中国青铜文化的内涵本质有了一定的了解，认识到了青铜文明对于中华文明的重要价值。在整体环境风格的确立上，选用"大地之色"——黄色系，作为整个展览的主色调，既贴合"吉金"主题，又彰显黄土高原风情，给人一种踏实和安详的感觉，也特别符合青铜器的"气质"——大地出青铜。

为了调节展厅环境氛围及突出各单元的不同主题特点，在"礼乐春秋"专题展厅的柜内，穿插使用了"暗调中国红"来彰显宫廷文化主基调，在"技艺模范"专题则选用"浅调靛蓝"作为背景布的主基调以强调艺术化的环境氛围。在主基调的选择上注重呼应主题、协调统一、简洁明朗，摒弃华丽花哨的多色彩混用。

2.确定展线设计思路

初步解读文本后，展陈组率领设计团队与文本组和公众服务组的老师们深度交流，对"吉金光华"展的目标观众群进行了认真的分析与定位，确立了展览设计的一些要素原则。

基于受众特征和展厅环境考虑，青铜博物馆以传统文物展示为基础，结合智慧博物馆优势，形成多元的展线体系。展览中我们提出了多条展线套叠的设计概念，特别是通过设置青铜体验、互动演示和盲文导览等创意，构建出新颖的少儿展线和视障者展线，让博物馆更具人情味和温度。

（1）常规展线

常规的参观线路分两条：一条线路是从四层开始逐层下降。观众可以从大厅通过垂直升降梯或自动扶梯直接上四层，首先参观四层3号厅，再参观四层2号、1号厅；然后下到三层，参观三层2号、1号厅；最后下到二层，参观二层2号、1号厅。另一条线路是从二层开始逐层上升。总体参观时长约1.5～2小时。由于每个专题的内容相对独立，观众也可以自由决定参观线路，不会产生内容脱节的感觉。

（2）少儿展线

少儿展线参观时长应该控制在45分钟以内。与常规展线相比，其形式更加灵活，以若干个具有扩展性的节点为核心，在内容上注意与校内教育内容，特别是乡土知识教育相结合，适合老师或者家长陪伴和延伸教育。

（3）可触摸的青铜体验展线

根据展陈空间的平面布局特征，我们特别将100余件青铜文物的仿制品布置陈列在展厅内圈墙面沿线，实现常规展线和可触摸青铜体验展线的观众分流，也为视障观众提供更短的参观线路。展厅中还设有盲文导览，重点文物和展项提供盲文介绍。

这些青铜文物仿制品原型是从国内各大博物馆收藏及流失境外的山西青铜器中甄选出来的，这条展线的设计就是为了拉近远古时期青铜艺术品与当代观众的距离，把参观常规博物馆的视觉体验上升到可触摸的体感体验层面，使"高冷"的艺术殿堂更具温情，加强观众对青铜器的认知体验。同时，也可以让观众了解散落在省外的"山西籍"青铜器的分布情况，为观众提供一个有意义的知识点（图3-15、图3-16）。

3.重点展项设计

根据展览文本内容需求，提炼重点展项内容，慎重选择运用现代多媒体技术手

图3-15 晋侯苏钟仿制品开放式展示（上）
图3-16 戎生编钟仿制品开放式展示（下）

段让文物"开口说话"，让展览"活"起来，借助数字化多媒体技术，让观众沉浸式体验青铜艺术之美，我们在"吉金光华"基本陈列中，通过对历史背景和重点展品的认真研读，共确定了4个多媒体展项：

（1）"华夏印迹"沙盘投影（图3-17）；

（2）晋公盘故事——奇妙的晋公盘（图3-18）；

（3）赵卿车马坑大型多媒体投影（图3-19）；

（4）侯马铸铜工场多媒体投影（图3-20）。

4.坚持"四性"原则

在"吉金光华"策展初期，我们即强调了博物馆陈列要坚持的四个原则，即科学性、艺术性、趣味性和实物性。在此基础上，我们根据展览特点和内容需要，对其加以扩展，形成5个原则：

（1）科学性和真实性。科学性和真实性是博物馆陈列展览内容设计的前提，博物馆陈列展览是以文物为主体的，用实物来"说话"的，这是建立在对文物的科学研究的基础上的。陈列展览提出的观点、思想、知识和信息都必须建立在科学的学术研究成果之上。另外，图文版面的设计、艺术的或科学的辅助展品的创作等，也都必须以科学的学术研究成果和客观真实的文物标本为基础，是有依据的还原、创作和重构。

（2）主题性和逻辑性。陈列展览内容设计时一定要先明确展览主题，所有的内容要围绕展览主题进行。展览主题是展览的灵魂，是展览要表达的中心思想，既是内容设计的起点，也要有落脚点。内容大纲的设计要注意逻辑性，要结构清晰、条理分明、准确有序。主题鲜明连贯、逻辑清晰有序才能更好地使观众理解展览的内涵，而不是令其无所适从、不知所云。

（3）通俗性和趣味性。即看得懂，有意思。要考虑如何将"高冷"的古代青

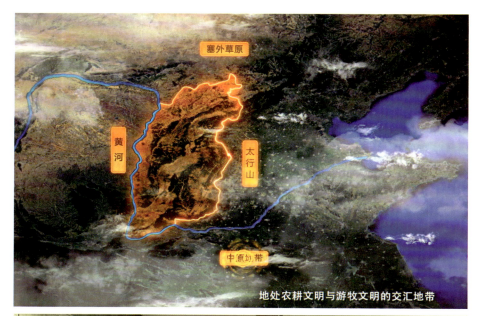

图3-17 "华夏印迹"设计稿及沙盘投影

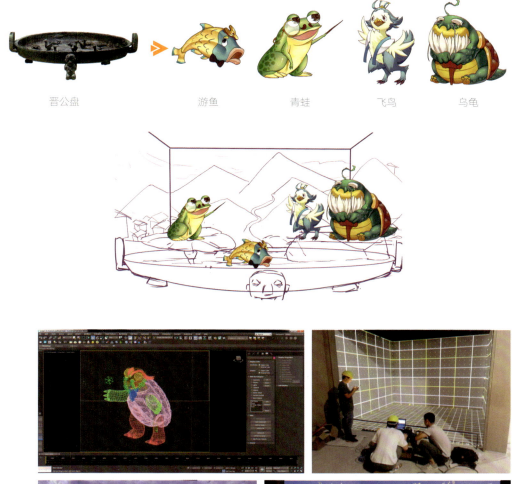

图3-18　晋公盘故事及投影

图3-19　赵卿车马坑设计稿及大型多媒体投影

图3-20　侯马铸铜工场多媒体投影

铜器知识与当代结合起来，让观众看得懂，给观众留下印象和记忆，使展览有较高的艺术感染力和观赏性。

（4）知识性和教育性。教育已成为博物馆最核心的功能，宣传教育是博物馆展览的最终目的，博物馆搞展览是为了进行知识普及和文化传播，服务公众教育。因此，一个有思想知识内涵、能起到知识普及和发挥公共教育作用的博物馆陈列展览内容设计，才符合博物馆的展览要求。

（5）交互性和体验性。观展的体验性始终是公众参观博物馆的刚性需求，我们围绕不同内容板块，通过设置青铜体验、互动演示和盲文导览等创意，重点打造多媒体少儿展线和视障展线，服务特殊人群突出人文关怀。制作物理展具和大量的文物触摸展项，引导观众上手体验，丰富互动体验。

（二）创意陈列艺术

博物馆陈列的三大要素是展品、铺陈、环境。设计师在接受任务之初，首先要解决的就是环境问题。在前面两个章节，我们已经对展厅环境的色彩体系运用、平面布置规划、展项设计手段等进行了详细叙述，本节主要对展览的核心展品和铺陈设计进行解析。

1.铺陈艺术品的选项与创意

（1）总序厅主形象艺术墙的设计制作

博物馆总序厅主形象，是博物馆核心主题的高度抽象及内容的精华体现，是观众进入博物馆的第一印象所在。

山西青铜博物馆展馆是一个已经建成的建筑。特定的建筑和特殊的内部陈列，需要有一套由外到内完整的、明确的、特定的设计语言。这套设计语言是从山西青铜博物馆陈展内容出发量身打造的。

山西青铜博物馆和太原博物馆都属于历史文化类博物馆，但各自又有不同的内容和文化属性。在设计中，需要准确理解和把握一体两馆、共享大厅空间资源的特点。两馆共用的大厅是个面积约600平方米、四层垂直挑空共享高度达21米，四周通道多、异型建筑符号强烈、结构复杂的建筑空间（图3-21）。对于总序厅的设计，既要体现不同的元素形象，又要做到"你中有我、我中有你"和总体上的协调。

创意的过程中，方案从最初的直线表达青铜图形，逐渐演变成要解决展示空间问题并要涵盖青铜文化内涵，信息丰富、涉及创意点又多又广的大型作品。这样的作品要做到结构合理、造型简约、寓意深刻、神秘悠远而耐人寻味，绝不是一般意义上的一件普通的艺术作品。

这个总序厅实际是山西青铜博物馆、太原博物馆的"总序厅"和共用空间。这样的空间设计需要量身定做，把建筑设计学和建筑美学进行有机融合。在明确定位之后，序厅的主形象设计考虑的是一种兼顾主题元素的中性主义手法，以博物馆建筑体造型符号为特征，撷取历史和文物的典型纹样图案并进行艺术化加工而成一件大型现代雕塑作品（图3-22）。

独具匠心的主体造型高大挺拔、简约、透气，色调明朗、质感强烈。这个主形象从上至下，一以贯之，贯穿整个博物馆前厅的几个楼层，底色既泛着铜器之金，又透出陶土之黄，显得优雅而庄重。整个雕塑呈长方形，与二层、三层的走廊融合一体，形象如一棵大树之躯干枝条，代表着华夏民族的根脉和源远流长的历史文化。

雕塑的表面是两片大花瓣，代表着历史文化的重瓣之花，象征着历史、现代及未来的连接和延续。考虑到序厅的一馆两用，这两片花瓣还兼顾山西青铜博物馆和太原博物馆两馆的划分功能。花瓣朝北向的，是山西青铜博物馆的区域；花瓣朝南向的，是太原博物馆的区域。整体来讲，主形象高大挺拔、富有节奏，给人以透气感，其上的线条装饰有特色鲜明的青铜文物纹饰，现代而不失传统，大气而不乏细

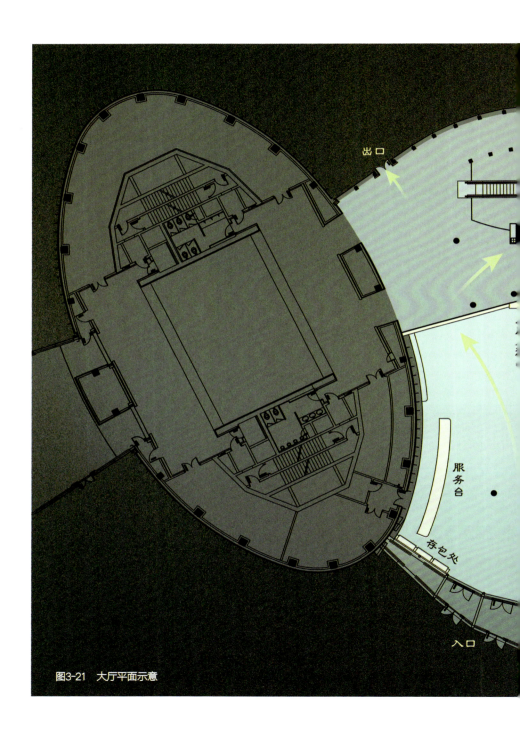

图3-21   大厅平面示意

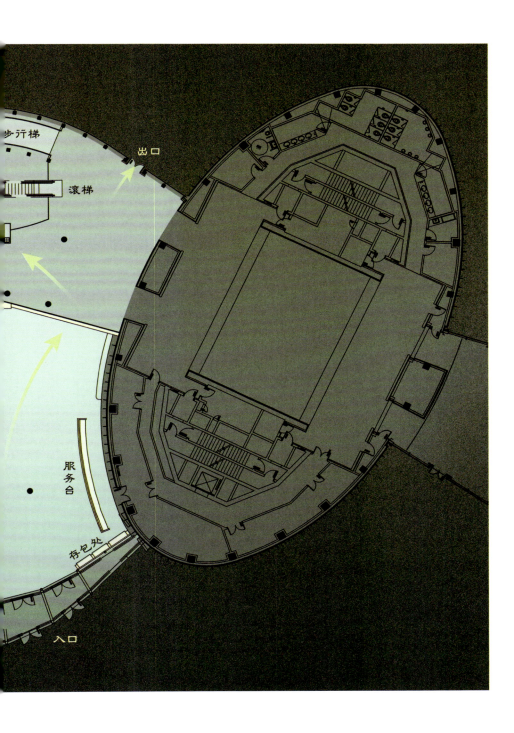

图3-22　总序厅设计草稿

节，体现了当代简约主义的艺术风格。

在代表太原博物馆的花瓣上，刻印着晋阳古城考古发掘出土的建筑构件图案，包括莲花瓦当、兽首瓦楞等；而代表山西青铜博物馆的花瓣上，则镂刻着侯马晋国墓地出土的青铜器兽形纹饰等。序厅三楼过厅的墙壁上，也分别镌刻着建筑构件的图案和青铜纹饰。

序厅内三、四层护栏，装饰有典型文物的纹饰图案，营造出整个序厅大气恢宏、典雅协调的氛围，给人以强烈的艺术感受和视觉冲击（图3-23、图3-24）。

主形象墙的制作过程也充满了挑战，可以说这是目前国内同级博物馆序厅浮雕制作中难度最大、技术环节最复杂、效果要求最严苛的艺术展项。

总序厅浮雕高 16.35 米，宽 6.5 米，起伏厚度 0.6 米，在时间紧、任务重的情况下，按一般的工序流程是难以完成的。在这个问题上，设计团队、创作团队、模坯团队、安装团队从开始就同步推进，实施过程中打破了许多传统做法和程式化流程，不断地改进制作流程和创新工艺，终于在规定的时间之内创造性地圆满完成了制作任务（图3-25、图3-26、图3-27）。

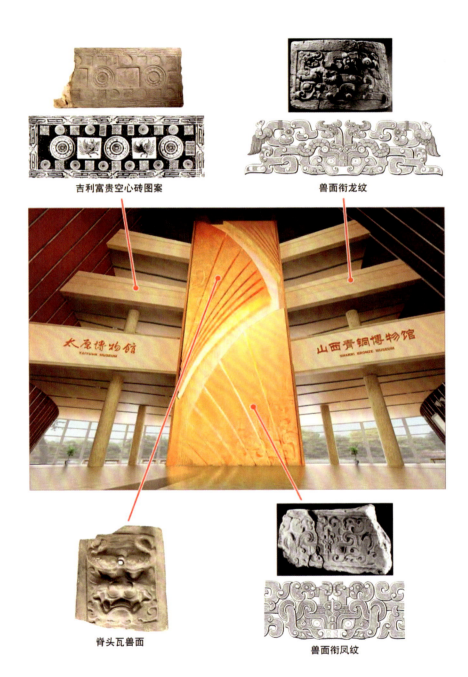

吉利富贵空心砖图案

兽面衔龙纹

脊头瓦兽面

兽面衔凤纹

图3-23 各部位设计元素

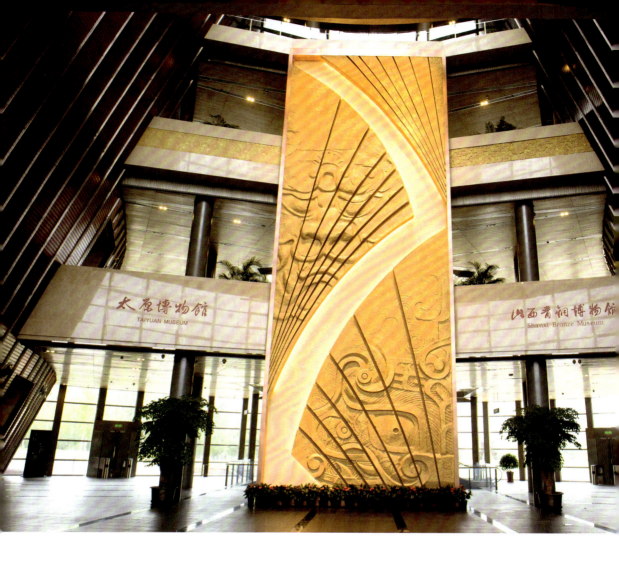

图3-24　总序厅实景（左页）

图3-25　泥稿放大样制作现场（右页上）

图3-26　局部泥稿大样制作（右页左下）

图3-27　现场安装（右页右下）

（2）"吉金光华"基本陈列序厅形象墙的创意设计

陈列从内容到形式，强调科学与艺术和谐统一。陈列展览形式设计必须服务于展陈内容，主要任务就是准确、鲜明、生动地体现、烘托展品，突出展览主题。观众通过垂直电梯到达四层3号展厅，首先映入眼帘的是以"礼乐文明"和"交融共生"为主题的青铜浮雕墙，作为展览的开篇，营造出一个凝重、神秘的空间氛围。浮雕墙以在山西发现的历史上各时代青铜重器为主要元素，如鸟尊、晋公盘、叔虞鼎、赵卿镬鼎、龙形觥等，通过合理的均衡布局及高低起伏的雕塑手法，边空区域配合使用青铜重器铭文、纹饰及山石等进行烘托，使浮雕整

图3-28 序厅效果

体主题清晰、布局均衡、错落有致、丰满细腻，体现了青铜文明既盛大、庄严、华丽、神秘又狞厉的时代特色。同时，我们在序厅中心展台上配合展出一件立体的金色青铜器，它是目前山西所见的西周时期最早的和武王有关的青铜器，名为"义尊"，将其按照一定比例放大复原展示，通过器物自身的分量与色彩来突出展览主题，在灯光、背景浮雕的烘托下，给人以强烈的视觉冲击，使观众一下子进入到那遥远而富于神秘色彩的青铜时代氛围中，成为"吉金光华"主题的点睛之笔（图3-28、图3-29、图3-30）。

图3-29 泥稿（上）
图3-30 实景（下）

（3）青铜器铸造场景的创意设计

1952 年，在山西省侯马市发现了春秋时期晋国铸铜遗址，遗址范围约 20 万平方米，发现陶范 3 万多块，以及众多铸造用的工具等。这是我国目前发现的春秋战国时期规模最大的青铜器铸造作坊，为我们研究先秦时期青铜器铸造工艺技术提供了非常重要的实物资料。"吉金光华"展览的第三个专题"技艺模范"就是通过对青铜器铸造技术与艺术的展示，表现出春秋时期晋国空前繁荣的社会经济发展水平、先进的金属冶炼铸造技术、贯通自然与灵魂的艺术创造能力。展厅内的青铜器铸造场景就是以这个遗址为原型，以目前学界研究成果为基础，以青铜编钟的刻模制范、合范铸造、打磨整形等工艺流程为代表，再现古代青铜铸造的整个过程，使观众可以更形象地了解中国古代青铜器铸造的技术和过程，了解山西在中国青铜时代的重要地位与作用（图 3-31、图 3-32、图 3-33）。

（4）青铜纹饰解析图板的创意设计

人们都知道艺术来源于生活，通过对侯马铸铜遗址出土陶范的研究，我们可以更加深刻地理解古代先民师法自然，创意生活的艺术历程。青铜器上那些奇谲诡异的图案、精细灵动的线条、富有节奏的连续几何图形，其原型都来自大自然，来自于生活中常见的一些物品，有想象中的饕餮、龙、凤，有生活中常见的蝉、鹿、虎、蛇、鱼等，甚至是一段麻绳，都能激发古代工匠的创作灵感，成为青铜器上一个个生动鲜活、极富美感的艺术造型，由此造就了神秘瑰丽的东方青铜文明（图 3-34、图 3-35）。这块图板长 20 余米，位于椭圆展厅一侧的弧形展墙上，图板前面就是各种动物造型的青铜艺术珍品。作为这些青铜器展品的辅助，为了不影响精品文物的展示环境，我们将图板的主基调设计成暗底色，用点光源照明，尽量处理好展墙与展柜之间的主辅关系问题，引导观众首先把注意力放在重点展示区域。而铺陈图板从艺术创作的社会根源来解读，也为观众提供了一个更加全面深入了解古代青铜器的窗口，会使观众更加深刻地了解古代青铜文明的核心内涵。

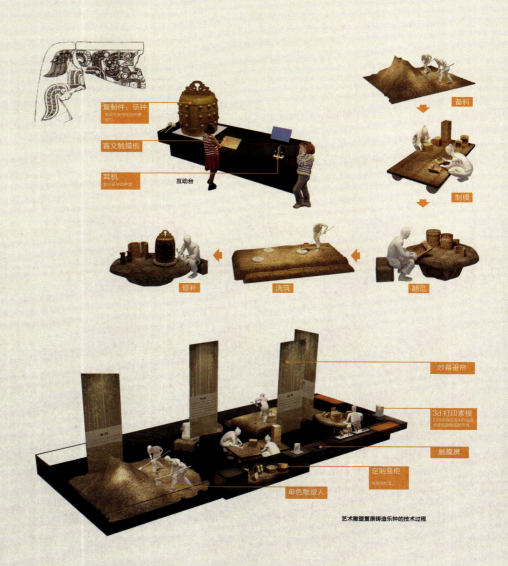

复制件：乐钟
盲文触摸板
耳机

互动台

备料

制模

翻范

浇筑

修补

纱幕垂帘

3d 打印素模

触摸屏

定制瓮柜

单色雕塑人

艺术雕塑复原铸造乐钟的技术过程

图3-31　青铜器铸造场景设计稿

图3-32　"技艺模范"专题设计效果（上）
图3-33　"技艺模范"专题实景（下）

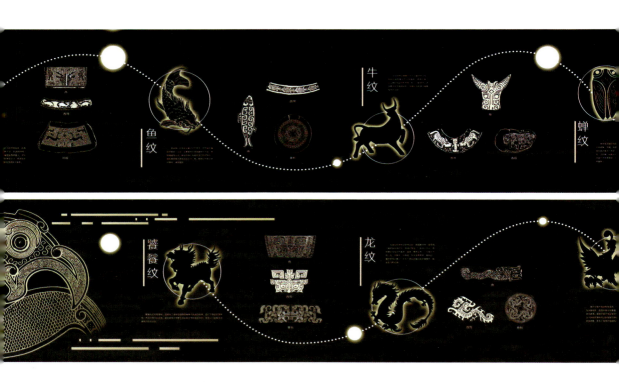

牛纹

鱼纹

蝉纹

饕餮纹

龙纹

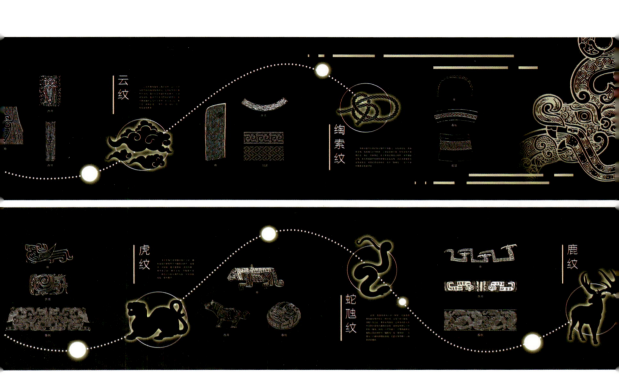

图3-34 青铜纹饰解析图板设计稿

图3-35　青铜纹饰解析图板实景

2.柜内文物展示的设计思路

在文物展品的布展设计上，我们突出文物的组合关系，强化文物、历史照片的组群信息，最大可能地展示文物和挖掘文物背后的故事，不再仅仅是简单地摆放文物。通过组合展示和复原展示，方便观众更直观、更形象地去理解青铜器在古代礼仪用器、等级规制、器型组合配套等方面的知识，而不仅仅是欣赏青铜器的艺术美。文物展示不再是单向的信息输出，而是多重信息的形象表达，是让文物"活起来"、让文物"自己说话"的具体实践。

鼎簋制度是周代礼乐制度的核心内容，由于历史和现实的诸多原因，成套出土的鼎簋实物资料并不多见，通过科学发掘出土的晋文侯墓葬的五鼎六簋尤为珍贵，它通过墓葬相对位置、器物铭文等揭示了更为丰富的历史文化信息。这次展览设计采用单独的宽体通柜单独展示这一组器物。通柜位于展厅中央最醒目的位置，凸显了这组展示内容在单元中的核心地位。柜内色系没有采用整体展览所用的黄色系，而是采用红色系，营造出一种古代礼乐活动的肃穆氛围。

图3-36 赵卿墓列鼎展示

五鼎六簋整齐排列，清晰地表达了鼎簋的器用组合关系（图3-36）。配套图板将中国古代的礼乐制度及鼎簋用器制度向观众进行了详细的解读。

1988年，在太原市金胜村发现的春秋晚期赵卿墓，保存极为完好，出土各类器物3000余件，发现了大型车马坑。鉴于墓主人的历史地位和与太原的特殊关系，我们专门辟出一个面积1300平方米的完整的展厅，全面展示赵卿墓出土文物。

春秋晚期是中国古代社会大变革的前夜，也就是历史上常说的"礼崩乐坏"的一个社会动荡时期。而其真实的社会根源是旧的宗法和礼乐制度已经不能满足新兴社会阶层的政治需求。作为诸侯国的正卿，赵卿所配享的礼器组合应该是五鼎六簋，而实际出土的鼎的数量为七鼎，达到了周代诸侯王的礼制规格。而其陪葬的礼器数量、精美壮观程度，以及兵器数量、陪葬车马数量，在同时期全国范围内都无出其右者。这彰显了墓主人生前拥有强大的经济与军事实力。

最早在馆舍建设时期，这个展厅就计划为赵卿墓车马坑展示进行量身定制式设

图3-37　车马坑展示效果（上）
图3-38　车马坑展示实景（下）

计，展厅中心区域专为车马坑做了面积 400 余平方米的下沉 2 米多的展示区域，并对地面荷载做了特殊处理。此次青铜博物馆的建设，为分属省市两级博物馆的赵卿墓出土文物的合璧展出创造了难得的机遇。我们围绕中心区域的车马坑对其他重要出土文物进行了规划与设计，同时，对赵卿的家族历史、与赵国相关的历史故事等也进行了合理的安排（图 3-37、图 3-38）。这样一来，一方面，赵卿墓出土文物作为"吉金光华"陈列中的一个重要小组，得到了充分完整的展示。另一方面，作为"礼乐春秋"专题中的一个单元，赵卿墓完整的器物组合，为我们认识春秋晚期社会大变革时期礼乐制度的变化提供了重要的实物例证。

　　文物柜内展示的展陈手法，处处透露出创意与科学之美。青铜戈一般多以放置于斜坡台的方式陈列，此次陈列为了突出表现戈实际使用方法，将更多的古代信息传达给观众，我们依据考古发掘报告所提供的数据，制作粗细相同的木质戈柄，同样依据考古报告所提供的图像资料，以细牛皮绳依古法捆扎。高低错落的陈列手法一方面是为了让观众可以近距离观察文物细节特征，另一方面是为了使整体展柜空间与文物陈列的构图合理，使观众从远处观察整体展柜时有高低错落、抑扬顿挫的艺术体验（图 3-39）。

　　铜盖弓帽是古代车马器的一种零件，是车上伞盖中的结构部件，器物很小，没有纹饰，在诸多青铜器中很不起眼。因此在具体的陈列设计上，设计师采用阵列式的排列方式，强化它的体量感，虽然这组器物没有进行复原展示，但精心的文物布展同样具有秩序感与节奏感，给人一种整齐的韵律之美（图 3-40）。

　　明器是古代专为死者陪葬制作的青铜器，器型普遍较小，制作略显粗糙，没有实用功能。在这个小组的文物布展设计上，我们以组群式的展示理念将一个墓葬中的陪葬明器集中在一个区域内进行展示，以突出体现一个墓葬中的器型类别组合，通过对比，让观众了解随时代不同，墓主人身份不同，陪葬器物的多寡与精细程度上的变化。

图3-39　兵器复原展示

图3-40　盖弓帽展示

　　文物辅助展架的形式必须服务于展品本身，运用量身定制的设计，让文物"说话"，主要是通过抽象的造型设计突出展品的个性特点，提升展示效果。如独立柜中戈与弩机的展示，以亚克力特殊支架展示出兵器的使用方式；将銮铃与亚克力制成的车辕造型相结合，复原了銮铃的安装位置，形象地阐释了銮铃的功能（图3-41）；陶寺铜铃的展架使用了磨砂亚克力弧形设计，既达到重点展示的目的，又体现出铜铃悬挂时的动感（图3-42）；车軎和车辖的展示也采用了复原的方式便于观众直观理解。

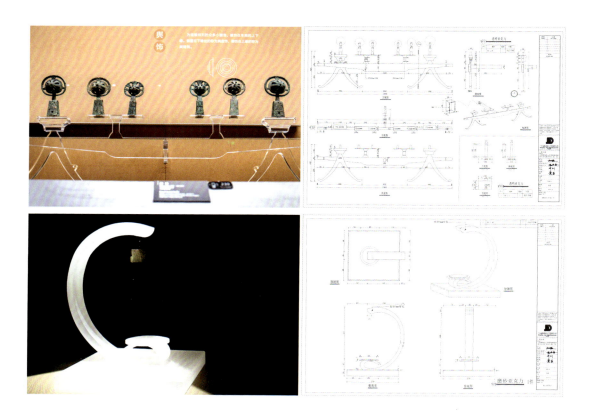

图3-41　銮铃的展示（上）

图3-42　铜铃的展示（下）

图3-43　绛县横水墓地出土文物展示

3.铺陈图板的设计理念

　　图板是最常见的陈列铺陈手段之一，可以帮助观众了解文物展品细部精美图案、展品的解剖结构和与展品相关的历史文化背景知识等。图板在形式设计上坚持"退"的理念，简化版面设计风格、统一版面设计色调，将观众的视觉焦点聚焦于器物本身，避免出现辅助展品喧宾夺主的现象。在设计制作图文版面和说明牌时，根据展览实际情况设计简约的展板和说明牌形式，展板采用夹板造型面贴宣绒布，采用进口油墨高清喷绘；说明牌采用黑色磨砂亚克力丝网印刷的制作工艺，除了用说明牌简单介绍展品基本信息外，展板上还会适当地加入一些器物的相关背景知识或者典故等，拓展展览所传达的知识信息量，引起观众的品读兴趣，更好地起到博物馆宣传教育的作用，配合数据进行编号，让观众可以轻松读取文物信息（图3-43）。

（三）营造光影艺术

照明设计是博物馆最为重要的设计环节之一，需要综合考量博物馆展厅的空间布局、陈列展品的特点及视觉效果，进行合理设计。甚至有人将博物馆比作灯光的"照妖镜"。因为博物馆对灯光的要求极高，一盏灯到底好不好，放到博物馆里一试便知。

那么，下面我们来了解一下，山西青铜博物馆里的灯光是如何让每件青铜器都能尽显其完美一面，吸引观众目光的呢?

1.设计理念

我国有着悠久灿烂的青铜文化，专业的照明设计，为古老和珍贵的青铜文物赋予灵气，让它们穿越历史长河，焕发出文化、艺术与生活的生机，传承中国文化，向人们讲述东方古文明的故事。

我们在青铜馆的整体照明设计，有如下几个要点:

（1）走出国内青铜器照明领域过去用光过于单一的窠臼，勇于创新求变，提升对中华传统文化的传承力，增强对中国青铜艺术的呈现力。

（2）重视整体空间照明的层次感和平衡感。比如公共空间与展厅之间、展厅与展厅之间、展厅各单元之间及展柜内外之间的用光平衡感，重点展品照明及环境照明之间的层次感、空间中主次元素和虚实意境之间的照明层次感等。

（3）重视用光的方向。不同的灯光照射方向，能够创造不同的视觉效果。主要有侧光、顶光、正面光、底光等种类，对于特定类型的青铜器，必要时可能会采用"顶光"与"底光"相结合甚至组合用光的思路。

（4）重视显色性和色温控制。确保灯光的显色指数和色温能够理想地还原青铜器文物的色彩。

（5）重视观众体验。在相对暗色的博物馆空间里，灯光选择不当或处理不好极易产生眩光。灯光设计必须做好防眩光，营造舒适的展陈空间。

2.独立柜照明设计

独立柜一般布置在展厅的中心区域，目的是让观众可以360度欣赏文物。独立柜陈列的都是重要的精品文物，对灯光的要求非常高。山西青铜博物馆的独立柜采用有帽的形式设计，有帽独立柜顶部便于隐藏灯具，这次独立柜照明系统大胆采用"顶光"与"底光"组合用光的思路。对于重点文物使用上下光纤照明。光纤外形小，便于隐藏，结构灵活，便于临时调整，从文物保护角度来讲，光纤的发生器置于柜子顶部或底部，通过光导纤维传播，隔绝了红外线、紫外线，照度也可控制在文物保护要求的范围内，因此是重点展品的最佳选择。如果独立柜单从上部打光，对于上宽下窄的展品来说下部较暗，再加上青铜器是一种铜锡合金，表面有一层青铜锈，表面反射率低，因此可增加底光来提升照明效果，同时使用光纤也便于增加活页挡板或者增加柜子的遮挡结构来避免眩光问题。通过上下布光方式立体化塑造器物，突出展示了青铜器的美（图3-44）。如兽面纹方彝，采用顶光与底光相适应

图3-44　独立柜灯光照明模拟

图3-45　兽面纹方彝展示效果

的立体化设计，凸显出方彝庄重的造型和粗犷的纹饰（图3-45）。又比如，细腻的灯光将刖人守囿车的装饰细节展现得纤毫毕现，观众得以一览这件国宝级文物的铸造技术（图3-46）。

　　图3-47这件西周的兽面纹鼎，出土于绛县横水倗国墓地，由于当时埋藏环境的特殊性，呈现出一半绿锈一半红锈的奇妙效果，这是大自然的杰作。经过特别的照明设计，可以将斑斓的锈色原真性地呈现给观众。

　　对于次重点型文物则使用先进的 LED 光源技术，采用嵌入式射灯 Micro I（4 ~ 50 度可变焦），确保了最高的光品质：显色性 Ra ≥ 97，R9 ≥ 90，色

图3-46 刖人守囿车展示效果

容差控制在 2 个 SDCM 单位内，使文物的色彩表现达到了最高水平。同时可以实现光斑大小的调节，满足不同文物的需要。通过定向照明和漫射照明的结合，恰如其分地塑造了青铜器的器物形体。

图3-47 兽面纹鼎展示效果

图3-48　桌面柜灯光照明效果（"礼乐春秋"专题）

3.桌柜照明设计

　　桌柜的布光形式与无帽独立柜相似，都是在天花上安装轨道射灯或者吸顶射灯，但桌柜与有帽独立柜相比布灯更有难度，处理不好很容易产生眩光。桌面柜的体量有大有小，如"技艺模范"专题展厅的小型桌面柜内我们使用了Uper I立杆式射灯精准照明，更显轻巧，柜内的立杆式小射灯被称为"柜内小精灵"。中心区域的大体量桌面柜我们选择Primary极窄光4度的灯具，布灯角度必须将光斑完全收在展品本身，不会有光溢出柜子，也降低了玻璃的折射与反射带来的杂光。从美观程度与文保的角度来讲，使用柜外打光的效果很好（图3-48、图3-49）。

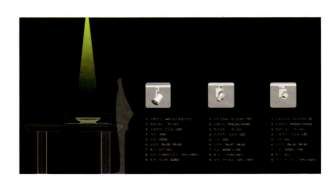

图3-49　桌面柜灯光照明模拟

图3-50　双面柜灯光照明效果

4.双面柜照明设计

双面柜的外形比独立柜更大，因此顶部照明方法一致，但是在加入底光时应考虑展品本身的尺寸大小，若展品为大型器物可以适当使用底面补光。但是由于双面柜外形大、受众面广，因此产生眩光的概率很大，需要根据实际展品来决定是否增加底光或底面光（图3-50）。

5.通柜、龛柜照明设计

龛柜与通柜结构相似，区别在于大小与外观，因此在照明方法上也互相通用。龛柜与通柜一般只有一侧为观赏面，因此不需要考虑另一侧的眩光问题，只要做好灯具隐藏结构即可做到见光不见灯。在碰到重点展品时使用上下布光、背板 linear 洗墙灯均匀洗亮（重点光与背景匀光照度比例为 1 : 3.5），对一般展品使用顶部 LED 嵌入式射灯 Micro I（4~50 度可变焦）、底部迷你微型轨道射灯补光、背板 linear 洗墙灯均匀洗亮（重点光与背景匀光照度比例为 1 : 3.5）（图 3-51、图 3-52）。

图3-51　通柜、龛柜灯光照明模拟（上）
图3-52　通柜灯光照明效果（下）

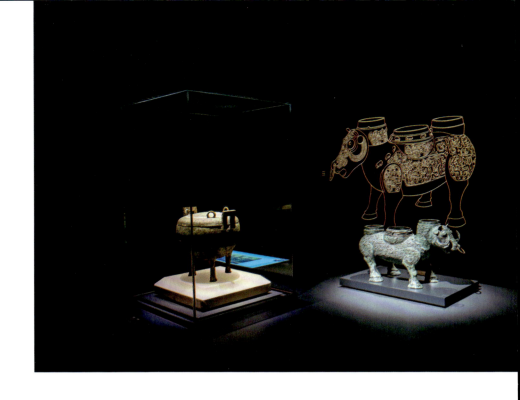

图3-53　创意照明设计（上）

图3-54　错红铜鸟纹壶展示（下）

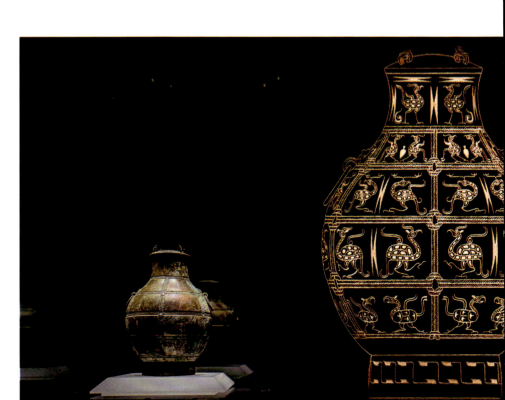

6.创意照明设计

基于"让文物活起来"的指导方针和"让文物美丽起来"的立意，我们广开思路，大胆创新，在满足严苛的文物保护要求的同时，将科学性与艺术性有机地融合进展陈照明设计方案之中，更通过几处特别的灵感创意，用灯光为文物营造出一种令人耳目一新的创意展陈效果，用灯光的语言让文物活起来，使得展陈照明设计成为展厅的一大亮点。

例如中国古代青铜器除常见的器型外，还有一类动物造型的青铜器，种类繁多、造型各异、艺术想象力极其丰富，在开放式展示牺尊仿制件，供游客触摸的同时，我们通过特殊的灯光设计赋予它灵魂，墙面采用个性化定制投影灯，生动地展示了牺尊的形象与纹饰，大大提升了展览的趣味性，深受青少年朋友的喜爱（图3-53）。

在"错彩镂金"单元，说明内容是人们为了追求绚丽的色彩，并显示尊贵的身份，采用镶嵌、鎏金、错金银、错红铜、包金、贴金等方式对青铜器进行装饰，逐渐进入了青铜器装饰的高峰时期。代表性器物错红铜鸟纹壶具有肚大腹圆的特殊形态，在独立柜内重点突出展示，底光使用LED嵌入式射灯Micro I（4～50度可变焦），通过上下布光很好地塑造了文物形体，在磨砂水晶托的衬托下更显高级感。文物上面的纹饰非常精美，同样通过个性化定制投影灯放大展示，提高艺术感染力。观众特别喜欢在这里拍照合影（图3-54）。

我们将灯光融入导览系统中，例如展厅地面设计的投影灯指示标志，造型简约大气，很好地起到引导观众参观和点缀空间的作用（图3-55）。

展柜内同样有意想不到的"惊喜"，我们将小型投影灯运用到文物的艺术表现上，对人形灯、雀鸟熏炉与兽面纹方瓿等柜内展品，别出心裁地采用独创的柜内截光灯技术，创造性地在背部展板上投射出影子，把动物和器物的美感与人物的故事感极富戏剧性地表现出来，成为调动观众情绪的亮点，堪称"光与影"艺术与哲学实践的最生动范例（图3-56）。

图3-55 展厅地面投影灯指示标志（上）
图3-56 人形灯展示（下）

7.光纤照明的少量应用

光纤照明在博物馆中的应用不是新生事物。此次青铜博物馆的照明设计中，我们适量使用了一些光纤照明灯具，主要是只针对一些中心独立柜中的重点展品，通过细致的调试，照明效果与普通 LED 光源的照明效果相比还是有一定的优越性。光纤照明柔和均匀的照明效果，对于表现青铜器细节特征起到了意想不到的作用。从实际结果考察，光纤照明在对一些精美艺术品的细节勾画方面非常有效。如果在经费条件许可的情况下，建议可以多加应用。

（四）虚拟历史瞬间

当前，越来越多的博物馆展陈用到了数字化技术，将各种文物的信息展示出来，结合一些视频、音频，带领人们更深入地走近文物和历史，也推动了博物馆向新时代转变。数字化展示，已经成为博物馆发展的必然趋势。

"数字青铜"展项的设计，要求运用当代数字多媒体技术，展现青铜器各方面知识点；而且要与以实物陈列为主的基本陈列，在角度、风格、手段上有所不同。这样的展厅，虽然突破了传统博物馆语境体系，给策划设计带来了一定难度，但同时也提供了绝佳的表演"舞台"。如何有机地使用种类繁多的数字多媒体技术而不是简单堆砌，如何运用先进的科技手段为参观者提供更好的观感体验，成为对设计者创新思维的一个新考验。

我们从当代博物馆展示需求出发，特别是观众多元化需求和对开放性学习的需要，创造性地安排运用了一系列数字多媒体展项，让今天的参观者在参观博物馆的过程中，体验一种全新的、寓教于乐的非正式学习行为。

在设计中注意合理安排数字化设备，在满足参观者需求的同时，让展览所蕴含

图3-57 "晋地宝藏"序厅实景

的文化内容特别是历史文物内涵通过多渠道得到传播。数字化展项的使用还要力求使每一个展项在有独立新颖点的同时，都可以直观展现出文物的多个侧面，以及文物所承载的历史底蕴和深层次内涵。

　　山西青铜博物馆的数字展项从序厅就开始了。名为"晋地宝藏"的序厅数字展项特别精选了数十件馆藏晋式青铜文物珍品，恰如其分地运用了 3D 渲染的数字动画影片并结合灯光变换，打造出以绚烂青铜文化为表现内容的空间环境，给初进馆的参观者做了一个开宗明义的科普式的概括介绍（图3-57）。

　　山西地处古代中原文明圈，而且有完整的文化发展脉络和鲜明的地域特色，是全国出土青铜器最多的省区市之一。特别是东周时期，以山西为中心的晋国及三晋青铜文化，成为整个中原文化的重要构成部分，这对后世特别是中华民族文化共同体的形成产生了十分重要的影响。

　　我们以晋式青铜器晋公盘、复合剑、莲瓣纹方壶、赵卿鸟尊等精美器物或器物上的精美纹饰为设计元素，构思创作了 3 分钟左右的动画影片，将独领风骚数百年的青铜时代"北方式样"演绎得淋漓尽致，体现了晋式青铜器设计理念对后世的巨大影响及其在科技文化方面的特殊启迪。

　　该展项以富有创意和想象力的奇妙构思，将抽象的传统文化具象为清晰可感的文化符号，并从晋式文物、地域特色、历史故事等微观视角切入青铜主题，呈现"晋地宝藏"的前世今生，铺展出立体生动的晋式青铜文化画卷。带领参观者在展厅内、文物旁，以视觉与听觉的双重感知，跨越时空与文物对话，近距离地欣赏文物，解析凝聚了千年来鲜为人知的那些故事。

　　利用数字多媒体的特性，"数字青铜"展厅的设计团队力求让参观者相信自己是运用高科技手段穿梭于多个时间、空间的"探秘者"，在青铜器发展的各个阶段寻找记忆的碎片。在浮光掠影中将它们组合在一起，逐渐形成一个完整的关于青铜的故事。

　　为了做到这一点，数字展厅一开始就设计了一条"时空走廊"，在宇宙星辰间，一道光流仿佛"虫洞"，将参观者送入多维时空。扭曲的时空中，青铜器形状的星云缓缓呈现，预示着一段"旅程"的开启，这也是专门营造的一种语境。它将之后科技感较强的展示手段和历史性、厚重感较强的展示内容有机地结合在一起；将不同年代发掘的、不同用途的青铜器以这种形式串联。无论是晋公盘和"风马云车"的互动，还是"铸范"和"晋地正音"对青铜历史的演绎等，都能很好地形成一个三维的整体（图 3-58）。

　　"水陆攻战"数字展项，则通过场景营造、铺陈展板、文物拓片等方式将青铜器和相关的历史典故、历史事件串联起来，形成密集的知识点，增强了展项的趣味性、可读性和代入感，拉近了文物与公众的距离，把跨越时空、富有永恒魅力、具有当代价值的文化精神提炼出来，以达到讲好文物故事、做好文化传承的最终目的。

　　本展项借助馆藏水陆攻战铜方壶为素模载体原型，使用多维数字空间技术演绎

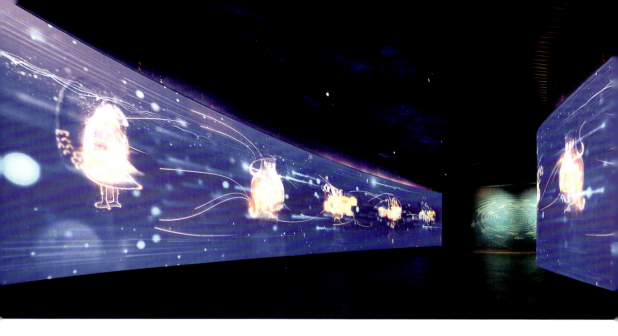

图3-58   "时空走廊"单元实景

青铜器的制作工艺流程。这是还原历史的演绎。第一个程序是提炼布满铜方壶器身的水陆攻战纹饰，将其融入攻战故事的情节设计，以时间序列动态化的逻辑，演绎水陆攻战大型场景及青铜器的制范、脱模、浇铸等各个环节，让观众沉浸其中，了解当年青铜器的制作过程。时间更迭，亦古亦今，将现代化数字科技与古代青铜制作工艺完美碰撞，让文物"动"起来、"活"起来，让观众在寓教于乐之中近距离感受引人入胜的青铜文化（图3-59、图3-60）。

"风马云车"数字展项设计，选取了太原赵卿墓出土的驷马战车为蓝本，将车饰构件拆解及拼合过程进行数字化的三维解析，并结合 kinect 体感交互系统，使参与者可以通过做出肢体动作、手势、身体、表情等方式，自主体验装配战车配件的全过程。为了加深和提升参与者身临其境的体验感，在成功拼合马车后，屏幕上还会出现车马于战场疾驰的场面，参观者在寓教于乐的过程中，可充分享受体验性交互游戏带来的成就感、满足感和喜悦感（图3-61、图3-62）。

数字多媒体不仅仅是技术，更是一种能融合展示语言、影视语言、舞台语言等多种表达方式的"黏合剂"。正因为这种多元化的黏合能力，使其不论运

图3-59 "水陆攻战"数字展项效果（上）
图3-60 "水陆攻战"数字展项实景（下）

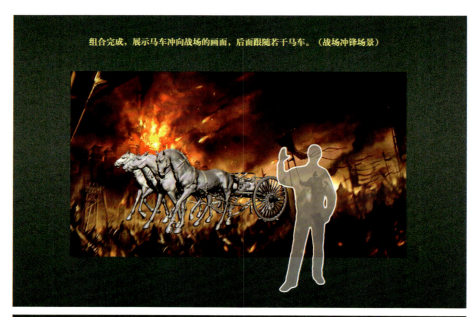

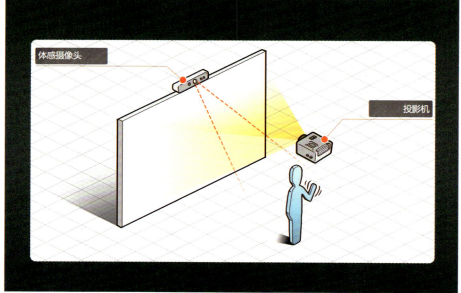

图3-61　"风马云车"数字展项设计稿

图3-62　"风马云车"数字展项实景

用到什么场景，传播力和体验感都会有几何级数的增长，以沉浸式的效果为观众带来身临其境的体验。

由于数字多媒体手段天然具有影视语言的属性，具有推动情节发展、串联独立事件从而形成故事的能力，所以在展线设计上可以有机结合内容和展项设置，让展览具有像电影一样的"故事性"，引领观众进入一个一个"情节"（展项），去发现整个展览背后的"秘密"，趣味性、互动性和传播力变得更高。

"晋地正音"是数字展厅的核心展项，这个全方位、多感官的大型展项，占到了整个展厅的一半面积。展项采用大型等身全息投影、三折幕投影和八组侧幕，为博物馆打造了一个数字虚拟剧场。装饰采用先秦时期的建筑风格，走进剧场，仿佛置身于古代宫殿。由于数字多媒体手段在灯光、音响、视觉影像上的助力，展览空间形式从此脱胎换骨，展览在基本陈列之外，从视觉、听觉、触觉，甚至是嗅觉上可以为参观者营造一个代入感更强的空间。这时的展览不再又是"讲述"，而是参观者"进入式"的一场探索，让人不由自主地"沉浸"其中，参观者在不经意间，便来到了大典现场，王侯祭司在青铜鸟尊前祈雨求福，将相大臣在参观者身边躬身叩拜，时而又钟鼓声声、笙瑟齐鸣。亦真亦幻的宫廷内，编钟敲击出悦耳音符，舞姬与散花翩翩共舞，美轮美奂。展览从"参观"进化到"体验"，设计师要更像一位"导演"，运用展线、展项串联起一个精彩而有意义的故事。此时的参观者更像一名"演员"，而不是观众。从被动接受到主动发现，参与展项的互动，从而找到答案，最终获得更强的体验感（图3-63）。

有人说"晋地正音"是山西青铜博物馆中的一场秀，但它不仅仅是在"作秀"。中华古代先民将对现实事物的认识和精神世界的寄托都铸进了青铜器中。通过

图3-63　'晋地正音'空间布局示意

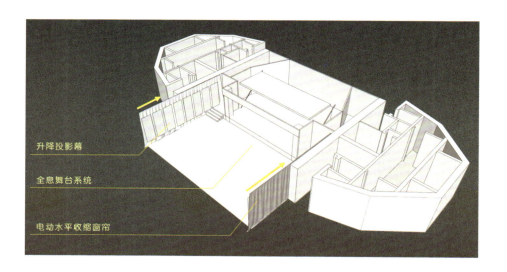

图3-64 "晋地正音"设计效果

考古工作者和历史研究专家的不懈努力，我们逐渐了解了先民的风貌。讲好他们的故事，能让我们更有自豪感和自信心，增强对祖国家乡的热爱和向心力、凝聚力。

"晋地正音"正是运用全息技术将青铜器的研究成果"外化"，将古人与青铜之间的关系以全息舞剧的形式呈现出来的数字多媒体展项。全剧共包括敬天法祖、祈雨之舞、钟鸣鼎食、宴宾之舞、尾声五个章节，以一段知识点、一段演绎夹杂的结构串联。

我们戏称这是一台"科教片结构的舞台影视音乐剧"。首先，作为博物馆项目，其科学的严谨性一定是放在第一位的。为了制作好这个展项，除我们的学术专家团队外，制作团队也聘请了多位专家。制作人员的第一项工作就是"上课"，学习关于青铜的知识，以及先秦时期古人的生活方式，大到礼仪规制，小到衣冠佩饰都尽可能准确。由于这一时代的道具实物较少，一些关键性器具还采用了3D打印技术，力求复原无误。台词与旁白文字也反复推敲十余稿，表达上既要符合科学性，又要不失美感，可谓是"字字珠玑"（图3-64）。

展项中的音乐元素也很重要。创作时既要让音乐拥有青铜编钟的音色，又要突出历史的真实感，还要在短短7分钟内体现祭祀、舞蹈、宫廷等多个场景。从实际上看，中国古典音乐的节奏是很难满足这种快速的音乐情绪变化的。为了做到这一点，音乐借鉴《楚商》《国殇》等多首编钟音乐，并进行再创作，根据故事内容逐秒定制。音乐人需要先做出小稿给导演排练，拍摄剪辑完成后，再根据导演版进行又一轮配乐，完全贴合人物情绪和故事脉络的起承转合，这类似于电影配乐的工作方式，让"晋地正音"的音乐在剧情中流畅展开，相互提升。

全息剧目中的虚拟人物都是通过特殊摄影棚录制完成的。1:1的等身全息，其人物比例就与真人一般。如何使拍摄的画面投射到舞台上并保持正确的比例关系，需要经过精密计算，包括舞台宽度、缩放比例、摄影镜头参数等。另外，由于舞台表演的连贯性，全息拍摄不像电影电视剧拍摄那样可以"NG"，而是必须将一个大段落用长镜头记录下来，如果其中有一个环节错误，就得从头再来。例如，拍摄"晋地正音"祭祀这一场戏，时长大约2分钟，所有的表演都很完美，但就是在快要结束前的几秒，一位大臣的帽子由于动作过大掉了。结果，前面好的部分也没办法用了，只能从头再来。俗话说，"台上一分钟，台下十年功"，加上侧幕、背景幕等内容的拍摄，7分钟的内容，整整拍摄了2天。在后期制作中，由于每一帧人物画面都需要抠像，还有大量与舞蹈演员动作结合的特效和三维动画，也耗时将近2个月，才完成了现场测试稿（图3-65）。

总而言之，一个精品展项就像一件精美的青铜器，其铸就的过程从设计到完成，都是智慧和汗水的结晶。我们希望能用精品展览来衬托青铜这一中华文明的无价之宝。希望能将青铜故事讲得更加动听、更加引人入胜。让更多的普罗大众由此爱上青铜，爱上山西这一片华夏的高天厚土。

"探幽寻胜"专题展厅在山西青铜博物馆三层展出空间的最深处，是一处极具特色的展示空间。在这里，观众将以考古工作者、学者、专家等多重身份，依次浏览、体验青铜器的发现、发掘、记录、研究、保护和展示的全过程。

观众可以将这里设置为参观的起点，在了解了青铜器的前世今生后，再参观"吉金光华"基本陈列，将会对古代青铜器有更为深刻全面的认知。当然，这里也可以是观众参观的最后一站。观众可以温故知新，亦可在玩中学知识、赏艺术，继续青铜世界的探索之旅。

"探幽寻胜"的序厅主形象为屏风式，由三块凹面卷轴式雕塑墙组成，通过融合古代与现代、传统与科技、器物与考古工具等形式，向观众诉说着：青

图3-65 "晋地正音"全息剧目实景

铜器不仅是过去的遗产，也是现在的文化，中国古代青铜器不仅记录着中华文明的足迹，也是全世界人类的共同记忆。从遥远的古代走到了今天我们的眼前，每一件青铜器都有不一般的故事，去聆听、去感知、去触摸、去体验，探寻与揭秘青铜器微观与宏观的世界，渐次掀开神秘的帷幕，登入青铜知识的殿堂（图3-66）。

"探幽寻胜"的空间分为六个单元：

第一单元是紧邻序厅左边的"青铜器发现"展区。参观者在这里犹如置身于考古现场，墙壁两侧被仿制成留有历史文化气息的地层，考古工作者使用的洛阳铲、金属探测仪等设备映入眼帘，仿佛当你剥离层层泥土时，就会发现"青铜器"的踪影，这里还复原了考古墓室的一角，"被清理出"的青铜器清晰可见。这就是考古现场

图3-66 "探幽寻胜"序厅实景

复原的魅力,直观地告诉观众青铜器大多就是通过这样的方式出土的(图3-67、图3-68)。

第二单元是"青铜器记录"展区。这里展出的是埋藏地下的青铜器一经面世,考古工作者将在第一时间所做的科学记录。

记录青铜器信息不仅是一个研习和保存资料的过程,更是一个反映传统技艺和现代科技融合发展的过程。本展区融入互动体验环节,将超景深显微镜拍摄的青铜器锈蚀照片、青铜器的X射线照片和青铜器表面照片,以及通过便携式XRF分析仪测试的合金成分比例数据等资料整合到一款AR软件里,观众通过旋转屏幕对准不同器物进行互动,旁边的金相显微镜及大屏幕滚动播放青铜器断面的金相试样微观照片,向观众展示着青铜器记录研究的鲜为人知的过程

图3-67　"青铜器发现"单元效果（上）
图3-68　"青铜器发现"展厅实景（下）

图3-69　AR互动展示实景（上）

图3-70　传统绘图展示（下）

（图 3-69）。三维扫描技术、传统绘图（图 3-70）、拓印等多种手法的运用，完整地展示多种学科、多种手段在科学记录青铜器信息过程中的协同与应用，为广大的参观者打开了一扇认识青铜器世界的科学大门。

记录信息是为了更好地再现青铜器的原状，接下来是第三单元"青铜器保护修复"展区，将为观众解开诸多谜团。

因为年代久远，再加上地层变化，很多青铜器出土时被压成碎片，并不像我们在展柜内看到的那样完整，所以对青铜器的修复必不可少。

"文物修复师就像医生一样，要诊断和治疗青铜器的各种疑难杂症。我们今天能欣赏到如此精美的青铜器，和他们的辛勤工作分不开，他们是真正的幕后英雄！"参观完这个展区，当观众再次面对绝大多数博物馆里陈列的精美的青铜器时，就会对它们背后的文物工作者所做的工作多一些理解与尊重（图 3-71）。

接下来的第四部分"器型认知"展区，更像一个青铜器知识普及区域。22 种青铜器型一字排开，涵盖食器、酒器、生活器、兵器、车马器等常见类别，既可以认知青铜器生僻字，又可以认识青铜器的造型和功用，有实物做佐证，观众可以对照着学习（图 3-72）。

最受观众尤其是青少年观众喜爱的还是第五部分"青铜艺趣"展区。在这里观众可以近距离触摸青铜仿制品，感受青铜器的温度，敲一敲编钟（仿制品），聆听那来自远古的音乐；又可以玩上一把青铜器型"连连看"小游戏，还可以根据提示完善青铜器的线描图，或是挑战一次金文与现代汉字的追根溯源。总之，在这里可以全方位、多途径深化观众对青铜文化的认知（图 3-73）。

博物馆是保护和传承人类文明的重要场所，社会教育是博物馆肩负的重要功能。"探幽寻胜"第六部分"互动教室"，位于本展厅最中央部位，设计有两个互动教室（图 3-74）。

图3-71　"青铜器保护修复"单元实景（上）

图3-72　"器型认知"单元（下）

图3-73 "青铜艺趣"单元（上）

图3-74 互动教室（下）

互动教室是特意为博物馆宣教部门针对展览主题开展各类宣教活动，不定期举办对公众开放的普及性专业讲座而设置的空间场所，是为满足社会不同群体观众对青铜器的了解和喜爱而设计的。研究青铜器不单是要具备考古和历史知识，其实也是一个多学科联合互动的过程。互动教室的设计，就是给广大观众和青铜文化的爱好者，提供一个多角度、可参与的场所和学习课堂。

（五）探索组织实践

山西青铜博物馆从提出概念到完成布展共经历了 10 个月的时间，其间经历的反复曲折的过程以及明智科学的选择都有很多，许多重大事项的决策过程为我们今后的陈列工作提供了重要的借鉴。

1.成熟的工作团队是工作顺利实施的重要保证

山西青铜博物馆的建设不仅仅是一项陈列布展工程，还是一个包括博物馆各系统配套建设的全方位工作。2018 年 12 月成立的山西青铜博物馆筹建工作办公室，是筹建期间的工作核心。我们设有行政组、财务组、人事组、文本组、陈展组、宣教组、修复组和监督组等 8 个工作组，多由山西博物院各部门负责人和业务骨干组成。行政组主要负责工作大事记编写、重要文件起草、重要会议组织、资料档案整理、设施设备系统管理、后勤保障，以及其他工作协调等；陈展组主要负责陈列展览设计制作、工程招标等具体事项的对接落实、陈列布展现场管理；宣教组主要负责讲解和开放工作、志愿者招募和管理、教育空间和活动的规划实施、对外宣传统筹等；文本组主要负责展览文本及讲解词编撰、配合陈展组实施布展工作等；财务组主要负责经费的落实、使用管理及项目招标管理等；人事组主要负责机构编制申请等人事方面事宜；修复组主要负责展品养护、修复和复仿制等；监督组主要负责筹建期间"三重一大"等重要事项的监督。

整个工作团队经验丰富，协作紧密，各项工作配合协调，同步推进，保证了行政运行、方案编撰、形式设计、预算编制审核、文物复仿制、讲解队伍建设、讲解词编撰、文物征集、文创产品开发、安防系统建设、宣传推广，甚至纪检监察的同步介入等方方面面工作的有序进行。选择一支具有丰富的策划实施大型展览经验、有强劲实力的施工队伍也是一个重要因素。

2.寻求政策支持是重要的工作环节

虽然整体工期的时间要求非常紧迫，但我们还是在政策允许的条件下为此项工作争取到了最大的政策支持。如在项目类型上，我们使用了服务类的类别，在采购方式上使用了集中竞争性磋商的政府采购模式。这为我们争取到了非常宝贵的后续工作时间，为此项工作的最终成功打下了重要的基础。

3.高效运转，攻坚克难

施工队伍入场，只是前期各项准备工作基本到位的一个标志，真正的困难才刚刚开始。从 2019 年 5 月 15 日到 6 月 25 日这 40 余天的基础施工过程中，遇到了许多意料内和预料外的困难。

首先是时间的压力。像这样规模的基本陈列工程，一般都需要 100 个工作日左右的施工时间。而我们的工期仅有 60 多个工作日，而且还要进行展厅原有设施设备的拆除工作。为此，我们与各施工单位反复研究，确定每一个技术环节的倒计时工期安排，并与监理单位随时监督，盯紧进度，确保整体工程的总目标能按时实现。另外，与监理单位、专家团队等协商材料进场、审批、图纸审查等工作流程，要求不能在这些环节上对工程进度造成影响，通过对各工作环节的认真梳理与协调，在整个施工过程中，在保证材料、隐蔽工程的质量的前提下，确保了整体工程进度的有效推进。

其次是设计工作的高效推进与施工衔接。这个工程项目是在概念设计的基础上进行的招投标工作，到进场施工前，深化设计并没有完成，这就注定了这个项目是一个典型的"三边工程"。为了确保工程质量，我们做了大量的协调与组织工作。确立了"完成一块、审核一块、施工一块"的工作方法及提前预估进料、审核不过夜的工作原则，为工程进度的有效推进铺平道路。

最后是计划外增项的确定和实施。三个标段的施工过程中都出现了计划外增项的情况。如所有展陈空间的安防改造项目、大厅吊顶项目、户外的馆标项目及全馆的导览标识系统、展厅网络覆盖项目等。这些项目都是必须在展览施工阶段配套完成的。为此，我们咨询了山西省财政厅、财政评审中心、负责过程审计的专业公司，通过大量的前期工作并与领导协商，最终确定了具体实施方案，交由三家施工单位分别组织实施。

通过全体工作人员同心协力的共同努力，所有困难和障碍都被一一克服，展览工程顺利实施。

整个基础装修工程完成了九个展厅空间的旧有设施设备拆除、部分旧设备的拆除恢复维护、顶地墙柜的设计施工和安装任务，配套完成了消防改造、安防改造、网络全覆盖工程、强电线路敷设、照明轨道安装、夜间照明系统安装、应急照明系统安装、楼宇控制系统工程、电气消防检测等子项目的全部施工任务。

4.精雕细琢，唯谨唯美

博物馆展览是一个内容庞杂、综合性很高的整体艺术，布展是一个展览呈现给观众最终效果的成型阶段。为了实现它的整体效果，需要历史学和考古学专家、小木匠和泥瓦匠的共同打造，也需要对大到展柜、多媒体等设备的安装，小到说明牌文字的排版校对，都进行认真与细致的工作，才能造就出一个内容科学严谨、环境幽雅唯美的展览艺术品。

从 2019 年 6 月 25 日开始，基础装修施工陆续结束，接下来就是精心细致的布展施工阶段。在这个阶段，依然存在着边设计边施工的情况，由于文物展品调集以及文字内容确定的滞后，造成了设计人员"无米下锅"的尴尬局面。为了有效推进展览进度，施工单位的设计人员与我院的内容设计人员反复协商，加班加点，一边查找资料、设计小样，一边确定格式，审核样稿、反复校对。从艺术品到铺陈图板、说明牌，以及对多媒体内容组织审核修改，专家学者、主要领导、内容设计人员、美术设计师，争论、修改、熬夜……是这个阶段的主题词。通过全体工作人员的不间断努力，终于打造出了尚称完善的展览体系，为"吉金光华"展览的最终成型奠定了重要基础。

吉金光华

Glories of
Bronze Age

当今社会科技迅猛，资讯发达，人们获取信息的途径多种多样，"酒香不怕巷子深"的思维早已落伍。作为文化传播的重要窗口，博物馆需要以其特有的方式融入社会大潮，"跨界传播""破圈层传播"方兴未艾。社会的关注度和认知度无疑成为评价博物馆文化传播绩效的重要标尺。博物馆肩负着社会教育的重任，职责使然，决定了博物馆的文化传播更适合用一种延续不断、"润物无声"的方式开展。

在第一章里，我们谈到博物馆文化传播的特点是以展览为核心，围绕展览来建设公共服务体系。在这一章，我们重点谈谈公共服务体系中的宣传、教育、文创等内容的策划思路和实施效果，以及社会公众对山西青铜博物馆和"吉金光华"基本陈列的评价。

一、宣传推广

2019 年，在山西青铜博物馆筹建期间，宣教组就已同步开始策划编纂宣传方案了。宣传推广紧紧围绕山西青铜博物馆和"吉金光华"基本陈列展开，还包括中国青铜文化解读、青铜器的地域特点、青铜器铸造技术、展览参观指南、明星文物解析等内容。在宣传手段上，采取线上与线下结合、传统媒体与新媒体结合、常规宣传与深度报道结合的多种形式。实施的过程，采用"参观 + 现场互动体验 + 线上网络互动"的方式。通过积极正面、灵活多样的全媒体形态宣传，营造全方位、多渠道、立体化的宣传效果，引发全社会对山西青铜文化的广泛关注和积极评价，从而树立山西青铜博物馆作为山西文化新高地、国内一流专题博物馆的文化品牌形象，提升社会影响力和美誉度。

从 2019 年 5 月博物馆筹建，到 2020 年 9 月"吉金光华"完善提升结束，山西青铜博物馆的宣传推广分四个阶段进行。2020 年 9 月之后，则进入日常宣传期。

第一阶段：自"5·18国际博物馆日新闻媒体通气会"开始至开馆前

2019 年 5 月 16 日，山西省文物局组织召开"5·18 国际博物馆日新闻媒体通气会"，会上正式向媒体通报青铜博物馆筹建进度和开馆日期。中央、省、市各级新闻媒体参加了本次会议。

7 月 8 日上午，筹建工作办公室邀请中央、省、市各级 20 余家新闻媒体进行探馆报道。《山西晚报》关于山西青铜博物馆筹建工作的系列报道也于当天刊发（图4-1），形成了未展先热的宣传态势，勾起观众参观新馆的期待和热情。

图4-1　《山西晚报》系列报道

　　在开馆前5天，我们选取代表性青铜文物，专门设计了一系列开馆倒计时海报，在网络平台推出（图4-2）。

　　7月26日，开馆前一天，我们通过弘博网、博物馆 I 看展览、考古汇、文博山西、山西博物院等多个新媒体平台进行了开馆消息推送，对重点展品、参观方式等进行了温馨提示和报道。同一天，记者以探馆的形式，对山西青铜博物馆的展览内容、展览亮点、明星展品、参观服务进行了广泛宣传。通过媒体的集中报道，对开馆进行铺垫和宣传，引起社会对开馆这一事件的关注（图4-3）。

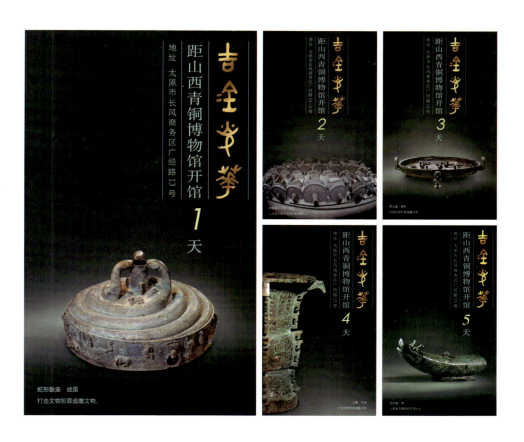

图4-2   开馆倒计时海报

图4-3　开馆前一天的媒体报道（左）

图4-4　山西青铜博物馆专题网页（右）

第二阶段：开馆第一个月

开馆第一个月为黄金宣传期，我们以线上线下相结合的方式，充分利用自有新媒体平台和广大社会媒体力量，集中、密集、递进式进行主动宣传。这一时段，将各类宣传产品和服务陆续推送给公众，微博话题实现爆发式增长，形成第一轮宣传高潮。

7月27日上午，山西青铜博物馆举行了开馆仪式，莅临领导、专家、博物馆同行对山西青铜博物馆的筹建进度、展览、展品给予了高度评价。当天，包括央视、《人民日报》、《环球日报》、新华社、中新社在内的中央媒体及澎湃新闻、网易新闻、腾讯新闻等30余家新闻媒体对开馆情况进行了全方位的采访报道。当天上午，我们还邀请青铜器专家、山西大学陈小三副教授进行了现场直播。

自开馆之日，观众量持续临近接待量最高值，我们也推出了丰富的展厅活动，包括定时讲解、专家讲座、青少年教育活动等。山西博物院网站推出全新的山西青铜博物馆专题网页（图4-4），随着各项教育活动的推进，网页内容也在不断丰富。

第三阶段：2020年春节

2020年春节，突如其来的疫情打乱了山西青铜博物馆的原有宣传计划，我们迅速调整计划，重新制定了线上宣传方案，联合腾讯等各大平台，重点推出了以讲解员和专家为主导的直播活动。

第四阶段：完善提升重点宣传期

2020年9月18日，经过近三个月的完善提升，"吉金光华"基本陈列恢复开放，以线上为主，线下为辅的模式进行全方位推广。宣传的重点放在了突出内容亮点和展陈形式提升效果两个方面。

9 月 17 日，通过媒体探馆的形式，向社会报道"吉金光华"基本陈列完善提升后的特色。中央、省、市各级 20 余家新闻媒体对改陈思路、展览框架、亮点特点等进行了报道。山西博物院官方微信平台连续推送六条关于山西青铜博物馆的系列报道，弘博网、考古汇、文博山西、耳朵里的博物馆等多个新媒体平台当天同步推送。山西卫视、《山西晚报》《太原晚报》、山西云媒体、网易山西等，均以头版、专版等多种形式推出了关于恢复开馆的深度报道，中国新闻网、中国新闻社、山西发布、太原发布等平台也陆续转载推送。

10 月，《文明守望》第二季"故事里的青铜"在山西广播电视台黄河频道正式播出（图4-5）。我们与山西广播电视台合作，在 IPTV 网络电视首页进行为期三个月的重点推荐（图4-6）。

随着新媒体手段的日新月异，公众越来越依赖于从网络获取所需知识。2020 年以来，疫情虽然挡住了很多人来博物馆的脚步，但是我们通过新媒体手段，将中国青铜文化推送到更加广阔的社会大众面前，取得了良好的社会效益。截至 2022 年，有宣传报道超过 2000 篇，涉及媒体 1500 余家，对青铜博物馆和"吉金光华"基本陈列进行了正面报道和详细解读。线上直播、微博话题讨论、宣传片等形式对公众具有强大的吸引力，现举如下几例。

图4-5　《文明守望》第二季（上）
图4-6　IPTV首页推荐（下）

（一）线上直播

近年来，我们与各大平台合作，策划推出主题直播活动 10 余场，累计观看量逾 700 万人次。山西青铜博物馆在公众视野中持续保持活跃，并不断吸引大范围的潜在观众。

2019 年 7 月 27 日开馆当天，山西大学陈小三副教授现场直播解读"吉金光华"陈列，通过山西博物院官方微博发布，并由山西晚报等多家媒体同步转播，累计观看量达 280 余万人次（图4-7）。

 山西博物院   武汉加油！
20-2-10 来自 一直播Yi 已编辑

线上#约会博物馆# 【每日一展】#山西青铜博物馆# 推荐理由很多，正如直播中山西大学陈小三副教授提到的："单个陈列展品众多且精品很多；时代序列完整；出土器物以成组方式呈现以保证信息的完整"等等。陈老师从事青铜器研究多年，跟专业老师看展定会有不一样的收获！🐼🐼🐼... 全文

图4-7   陈小三副教授直播活动

图4-8　韩炳华研究员直播活动

　　2020年3月29日，联合国内50家博物馆，通过腾讯平台，推出"从青铜器铸造的角度带你欣赏青铜器"直播活动，邀请山西省考古研究院韩炳华研究员，从青铜器铸造的角度带领观众线上欣赏青铜器，解读青铜器铸造的奥秘，吸引了62万人次观看（图4-8）。

　　2021年1月25日至2月26日，推出"2021新春直播季"活动，共分为5场主题直播，在山西博物院微信公众号、微博、抖音等平台同步推出，并借助腾讯新闻、搜狐新闻、新华网客户端的宣传推广，累计观看量达140余万人次。"三八"国际劳动妇女节期间策划推出"邂逅古代佳人——探秘山西青铜博物馆里的'她'文物"直播，观看量超100万人次。

（二）微博话题

截至 2022 年 12 月，山西博物院官方微博发起"山西青铜博物馆"话题讨论，阅读量已突破 1.4 亿次。话题将有关展览的讨论都将汇聚于此，形成集群宣传效果，为新生的山西青铜博物馆积攒人气和热度。

2021 年，"吉金光华"的一件展品青铜策柄走红网络，截至 2022 年 12 月，微博话题"山西出土商代兽面纹策柄酷似自拍杆""3000 年前马具形似自拍杆"，阅读量逾 1160 万次，"两百枚铜镜的前世今生"话题阅读量达 633 万次，成为 2021 年中秋节当日微博热搜同城榜第一名。

（三）宣传片

具有艺术性和感染力的宣传片是吸引观众的另一种传播形式。在重要的宣传节点，我们都策划制作了精美的宣传片。比如 2019 年 7 月 27 日，山西青铜博物馆宣传片在山西博物院微博平台首发（图 4-9）。2019 年 8 月，全国青运会在太原举办，我们与山西广播电视台联合推出了《在山西遇见你》系列微纪录片（图 4-10），向全国观众展示了馆藏经典文物。一位名为"豆豆"的网友评论道："这次借着二青会看到的不仅是太原城市的蓬勃发展，还看到了山西深厚的文化底蕴和内涵，尤其是这一系列短片，无论是创意，还是文稿，都令人耳目一新！大赞我山西，骄傲！也期待博物院能有更多这样的作品，传递更多的文化！"许多网友表示，通过看这一系列的短片，激发了他们去博物馆的兴趣，也让他们在看博物馆的文物时，更有感觉，记忆更深刻。

图4-9　2019年7月27日开馆宣传片由山西博物院微博首发（上）
图4-10　《在山西遇见你》纪录片（下）

二、服务教育

　　作为一座现代化新馆，山西青铜博物馆不仅有可满足咨询、休息、购物、存包等需求的便捷设施，同时也在人员配置上提供多种服务，确保观众能有舒适的观展体验。馆内设置了完善的标识引导系统，观众服务设施有咨询台、存包处、休息区、剧场、文创空间，提供轮椅、童车、药品和除颤仪等。此外，还提供免费宣传品，并配有语音导览和讲解服务，讲解服务包括收费讲解和定时免费讲解，分别由讲解员和志愿者负责，他们均经过专门培训。由问卷调查可知，约六成观众对青铜馆指示标识非常满意（图4-11）。

　　定时免费讲解是"吉金光华"基本陈列常规活动。调查显示，五成以上观众对该服务很满意，认为"这种形式值得推广"。一名观众填写问卷时写道："讲解员真心很棒，内容详细，体验感很好。"同时，有很多观众希望增加讲解的频次，并且在讲解上能够更加深入浅出（图4-12）。

　　语音导览机讲解和微信语音导览正逐渐成为观众了解展品的主要方式。加强语音导览机讲解和微信语音导览讲解建设，对提升观众参观体验也非常重要。在接受问卷的观众中，56%对语音导览内容非常满意，35%对语音导览内容比较满意，同时，我们发现41—50岁的中老年观众更倾向于使用语音导览，其中近七成对语音导览非常满意（图4-13）。

　　观众至上，教育为重。历年的博物馆定义均将教育列为博物馆的重要职能之一。山西青铜博物馆教育工作始终遵循"贴近生活、贴近观众、贴近实际"的原则，将展览的知识性、趣味性、严谨性融入教育之中。教育项目策划注重目标人群定位，实现分众化管理。几年来，我们陆续策划推出了一批主题突出、定位明确的教育项目，赢得了社会广泛赞誉。这里选取几个有特色的介绍如下。

图4-11　志愿者回答观众咨询

图4-12　定时免费讲解（上）

图4-13　自助语音导览机（下）

（一）"晋界"讲坛"吉金光华"专题系列讲座

　　"晋界"讲坛是山西博物院的一个明星教育项目，已经运营有年，取得了良好的社会效益。目标人群为有一定历史文化基础的文物爱好者。2019 年新增了"吉金光华"专题，至今举办了 7 场讲座（表4-1、图4-14）。

表 4-1　"吉金光华"专题系列讲座

序号	时间	名称	主讲人
1	2019 年 10 月 2 日	器与道——山西青铜博物馆展陈思路解读	韩炳华
2	2020 年 5 月 18 日	吉金读晋	吉琨璋
3	2020 年 6 月 13 日	吉金华彩复新生	李夏廷
4	2021 年 5 月 30 日	怎样讲好世界遗产的中国故事	刘曙光
5	2021 年 6 月 12 日	青铜器的阅读	徐天进
6	2021 年 7 月 4 日	中国青铜器在海外的流传	张昌平
7	2021 年 7 月 31 日	早期山西青铜器格局	苏荣誉

（二）"小小讲解员"活动

　　这是山西博物院的品牌活动，已开展十余年。2021 年 7 月，山西青铜博物馆第一批小小讲解员开始招募，中间虽然受疫情影响，有一段时间无法在博物馆进行现场教学，但是，大家通过观看视频、直播等方式认真地完成了课业，经过积累和历练，2022 年暑假，小讲解员们终于站在了展厅。在结业时，孩子们都有长足进步，获得丰富的青铜知识和讲解体验。不少参与其中的孩子家长留言予以肯定。如微博网友"candy 健"肯定道："让小朋友从做讲解员开始，更多地了解历史。"一名

图4-14 "吉金光华"专题讲座

图4-15　小小讲解员展厅实践

山西的网友评论："青铜馆给孩子们搭建了最好的平台，每位老师都在用心用情做这件事，从馆长伯伯的第一课，到每个细节的精心安排，处处体现了青铜馆以孩子为中心，传递历史知识，增强文化自信的匠心。"还有观众表示，小小讲解员活动是"很棒的活动，让孩子沉浸在历史知识的海洋……这是山西博物院的一道亮丽的风景线"（图4-15）。

（三）《铜喜铜乐》系列访谈节目

　　《铜喜铜乐》是我们在 2022 年 1 月 31 日至 2 月 6 日春节期间策划推出的一档文化类访谈节目，共播出七期，从除夕到正月初六每天一期。每期节目都会结合当日文化习俗，针对不同群体展开不同的话题，比如：针对年轻群体，带领大家在博物馆里寻找"虎虎生威"的青铜"虎"；针对短视频爱好者，策划了轻松愉悦的探馆活动；和广大小朋友一起，走进关于压岁钱的趣味课堂；针对中老年群体，解读"立春"节气的民俗文化与养生之道；针对体育爱好者，结合时事热点，推出了"博物馆里话冬奥"；还特别邀请专家学者和博物馆人用时下流行的"圆桌派"的形式，喝茶品茗，甚至举办"火锅"盛宴，一起探讨青铜酒器、食器的奥秘，畅谈古今（表 4-2、图 4-16）。

　　整套节目以馆藏青铜器为切入点，以多学科视角开启漫谈，普及青铜文化。话题丰富、解读新潮、形式多样、氛围轻松，将博物馆知识与新春假日有机融合为一体，是一场独具文化品位的网上新春奇妙游。节目在山西博物院微信公众号、视频号、微博等多个平台推出，一经播放，受到了社会各界的一致好评，入围 2022 年度"全国文博社教百强案例"。

表 4-2　《铜喜铜乐》系列访谈节目

期数	名称
1	山西青铜博物馆"拍了拍"你
2	没压住"岁"的"压岁钱"
3	青铜馆里的"青铜虎"
4	对酒当歌，人生几何
5	一年之计在于春
6	博物馆里话奥运
7	三千年前的深夜食堂

图4-16　"铜喜铜乐"系列访谈节目

（四）山西博物院青铜大会

这是山西青铜博物馆在 2022 年暑假期间，策划推出的一个全新品牌项目。以全民互动参与的形式传播青铜文化知识，是践行"让文物活起来"的有益尝试。大会的首场活动吸引了 200 多名来自全国的青铜文化爱好者参与，参与群体呈现出两个特点：一是年龄跨度大，从刚入学的小学生，到已经退休的文物爱好者；二是职业构成丰富，从学生、教师、医生、律师、导游、警察、军人等文博爱好者，到自媒体人、插画师等新兴行业从业者。

在活动中，参与者对山西青铜博物馆给予了很高的评价。一名参赛选手激动地说："知识的力量总是能凝聚起一群人。"一名从事教育行业的参赛选手说："从我开始，让我的学生爱上青铜，更懂中国。作为一名历史老师，今后在课堂教学中，我会对青铜器物更加翔实全面地解读。"也有参赛选手谦虚地表示，经过这次活动，自己勉强可以算是一个"青铜爱好者"了（图 4-17）。

此外，我们还策划了很多形式活泼的教育活动，比如"留学生讲中国青铜故事"专题系列视频，共 15 集，发挥博物馆在文明交流互鉴中的积极作用。"青铜王国"主题系列教育活动，分为节假日系列、临展系列、研学课程及常规教育等 4 个类别，通过线上和线下两种形式开展。其中，"青铜王国"系列研学课程由 15 个专题组成，有线上和线下两种教学模式。

这些饶有创意的教育活动，得到很多观众的积极评价。例如，网友"走走停停 mxy"评论："我参加了金文临摹的体验，郭老师讲课细腻而生动，为郭老师点赞。"（图 4-18、图 4-19）

图4-17　山西博物院青铜大会

图4-18   "墨拓匠心"活动（上）
图4-19   "铜牌童乐"教育活动（下）

三、观展反馈

博物馆陈列展览主要的服务对象是社会公众，展览的目的是向公众传播文化。博物馆如果能将展览所要表达的思想感情与观众的认知结构最大限度地契合在一起，进而引发共鸣，我们就可以将其称为一个合格的展览。因每位观众都存在年龄、性别、职业、地域、知识储备等的差异，因此，任何一个展览都无法满足所有的受众。

鉴于此，从策划展览之初，我们就注重采纳各方意见和建议，既有专家学者，也有普通大众，既有文博工作人员，还涉及其他行业领域的从业者，使展览最大限度地把好观众的脉搏。

我们通过多种途径收集公众对山西青铜博物馆和"吉金光华"基本陈列的意见和建议。一是从策划展览开始至今，广泛征集各行业专家学者的专业建议。多次召开论证会，邀请国内外文博专家，对展览主题、内容、结构、形式等广泛发表意见。二是日常馆内观众留言收集。在一层大厅服务台设置观众留言处，观众可将观感体验以及改进意见和建议以书面的形式反馈给馆方。三是通过线上线下开展专门的问卷调查。2019年8月，青铜博物馆刚刚开放，我们即通过山西博物院微信开展了一次线上调查问卷，收集到146份调查问卷。2021年2月，我们再次在线下对观众进行了现场问卷调查，共获得472份问卷。四是通过举办丰富多彩的教育活动征集观众意见和建议，这种形式非常有效。五是通过微信、微博等新媒体平台，实时关注网络舆情，将网友的留言分门别类进行收集整理。这种形式的意见和建议数量极其庞大，内容五花八门，也是我们获取信息的重要来源。

几年来，在社会各界的关注和支持下，我们吸纳了不少有益的建议，不断提升展览品质和服务水平。现整理开馆以来有关展览的各方评价，以启示未来的工作。

（一）内容设计方面

1.山西青铜博物馆立馆有意，展览主题明确，特色鲜明

> 一座高起点、高规格建设的专题博物馆，一座名副其实的"珍宝馆"
> 和一座"好看更好玩"的主题馆。
>
> ——弘博网

立足山西特色青铜文物资源，讲述中国青铜故事。在山西建设高标准的一流青铜专题博物馆，打造山西文化新高地，塑造山西文化新形象，这是我们推出"吉金光华"基本陈列的初衷。在实际工作中，我们力求主题明确、逻辑性强、可读性强、文字简洁、趣味性高。问卷调查结果显示，超过80%的受访观众认为青铜馆非常值得观看，其中参观时长大于3小时的观众中九成以上认为展览非常值得观看。因此从总体来看，此次青铜展的观众的满意度普遍较高（图4-20）。

2019年7月开馆后，我们相继举行了3次专家论证会，邀请国内顶级青铜研究专家及文博、历史、艺术从业者，从展览思路、文本大纲、陈列形式等方面，对展览重新审视，提出专业评价和建议。上海博物馆李蓉蓉研究员在参观后表示，山西青铜博物馆"立馆有意，展陈题目出新"。中央美术学院郑岩教授在参观后评价道："展览脉络是清晰的，展厅的设计也不错，是一个高质量的展览。"

媒体对于新馆的整体评价也很高。弘博网《开馆倒计时，这座专题博物馆究竟有哪些不一般？》，将山西青铜博物馆定位为"一座高起点、高规格建设的专题博物馆，一座名副其实的'珍宝馆'和一座'好看更好玩'的主题馆"。《中国文物报》刊登文章《山西青铜博物馆开馆 2000余件"重器"亮相》，

图4-20　开馆初期掀起参观热潮

称山西青铜博物馆的成立是"顺时而为"，符合历史和文化的实际，也呼应了人民群众迫切的文化需求（图4-21、图4-22）。

2.展览内容丰富，5大专题各有特色

> "技艺模范"展厅直接让不了解青铜器的我对其工艺有了充分认识。
>
> ——观众

"吉金光华"由3个实物展示专题和2个互动教育专题构成。3个实物展示专题通过多维度视角讲述青铜器与历史、礼制和技艺的关系；2个互动教育专题以数字展示和教育互动的方式探索青铜文化的奥秘，将最新考古发现和科研成果及时纳入展览"故事线"。这5大专题各具特色，各有侧重。

图4-21　弘博网报道（左）
图4-22　《中国文物报》报道（右）

　　为了解观众对各专题的偏好，我们在调查问卷中设计了一个多选题：您此次参观停留时间较长的展厅。近一半的观众选"礼乐春秋"，41%的观众选"华夏印迹"，而选"技艺模范""探幽寻胜""数字青铜"的观众皆为15%～30%。可以看到，"礼乐春秋"和"华夏印迹"两个专题最受观众欢迎。

　　《山西晚报》发布《探馆记：寻访山西青铜博物馆的秘密》，除了对3个实物展示专题做了推荐，还特别对"数字青铜"和"探幽寻胜"专题给予高度评价。认为"数字青铜"专题用现代科技动态展示青铜由来、用途和技艺，让新手"小白"轻松上路来一场青铜之旅。而"探幽寻胜"教育专题，则"完整呈现了一整套与青铜器出土、研究、修复以及陈列展示相关的工作现场，就是为了让公众探寻青铜器宏观和微观的世界，逐渐揭开青铜器的神秘帷幕，进入青铜知识的殿堂"。一位文博爱好者参观"数字青铜"专题后，对水陆攻战纹铜钫的展示印象深刻："不仅囊括了范铸法的流程，还让水陆攻战纹'活'了起来，随着时间更迭、风雨变化，生动形象地展现了从吉金到青铜的演变过程，更加直观地让我知道何为'吉金光华'。"

在观众问卷中，对于各单元展出文物及单元分组是否能很好地契合"华夏印迹""礼乐春秋""技艺模范"这几个主题，98%以上的观众给予了肯定的回答。一名已退休的观众参观展览后说："整个陈展布局准确，体现了预期的设想主题。"一名来自山西晋中的观众赞叹道："震撼！每个模块专题性很强。"还有一名在校大学生，尤其肯定了"技艺模范"展厅："直接让不了解青铜器的我对其工艺有了充分认识。"一名13岁的初中生也在问卷中写道："'技艺模范'给我留下了很深的印象。"

参与调查的观众中有43%是通过说明牌和展板的文字说明来了解展品，占比最高。这更提醒我们为内容服务的展览文字需要照顾普通观众的阅读习惯，要通俗易懂，便于大多数观众理解。同时，在追求严谨凝练的前提下，还要兼顾趣味性，引发观众求知欲。网友"0517theLucky"称赞了展陈的细节："山西青铜博物馆真的超级好逛！布展好看，动线设计很合理，我最喜欢的一点是他们把器皿名称的生僻字都标了拼音。"有一名教师在问卷中称："青铜器生僻字的说明牌，让孩子不仅认识了这些字还理顺了青铜器的发展顺序。这些做得都很用心。"

3.展品选择突出地方文化特色，紧扣展览主题

山西青铜博物馆集中国青铜器之精华，聚三晋文明之瑰宝，藏品品质之良，历史价值之高让人震撼！

——李峰

　　"吉金光华"的展品以山西历代青铜器为核心，时间跨度从新石器时代晚期至汉代，诠释中国青铜文明的宏大叙事，内涵丰富。为使展品紧扣主题，在完善提升时又删减为1450余件文物。根据展览内容设计展线，安排展品，通过展品的分布协调展览的节奏，系统展示中国青铜文明的成就。

　　《中国文物报》的文章评论山西青铜博物馆："山西作为文物大省，自新中国成立以来，山西省商周和春秋战国时期的考古发现层出不穷，晋国遗址、曲村—天马遗址、翼城大河口墓地、陶寺北墓地、酒务头墓地等重要考古发现，在全国均有重大影响。这些遗址经过抢救性发掘，出土的青铜器之精美，文化价值之高，影响力之大，都是罕见的。"此外，对于在2018年山西公安机关打击文物犯罪专项行动中缴获的2.5万余件文物，文章也认为"亟待通过展览重绽光芒"。

　　美国哥伦比亚大学终身教授、著名考古学家、青铜器研究专家李峰参观后评价道："山西青铜博物馆集中国青铜器之精华，聚三晋文明之瑰宝，藏品品质之良，历史价值之高让人震撼！相信山西青铜博物馆一定能成为全球收藏、保护和研究中国青铜器的新中心。山西省做了一件造福学术界的大事。"

　　国际知名考古学家、中国青铜器研究专家，美国加州大学洛杉矶分校（UCLA）艺术史系教授、美国艺术与科学院院士罗泰（Lothar von Falkenhausen），参观山西青铜博物馆后评价："有这么一个好的平台，把青铜器给展示出来，太难得了。从来没有见过在一个馆里展览这么多的青铜器，太震撼了。也让大众看到盗掘文物有多么大的损害。通过展览必将大大提高中国人民的文物保护意识。"（图4-23）

　　上海博物馆李蓉蓉研究员说："'吉金光华'展览的文物非常震撼，器物完整、纹饰精美、数量众多。"九三学社中央委员会杨玲研究员说："藏品质量上乘，体系完整、类型多样、年代系统、数量巨大，实为难得。"

图4-23　美国加州大学洛杉矶分校罗泰教授参观展览

（二）形式设计方面

1.空间规划与展线设计

展线设计、布光、展品质量俱臻上乘……不虚此行。

——网友

基本陈列总面积达 1.1 万平方米，包括展示空间和公共空间。展示空间位于二至四层，结构布局、平面分区、立面陈列展示等运用人体工程学进行设计，充分把握空间节奏，合理进行空间利用。"吉金光华"各展厅参观路线为顺时针，自然通畅。空间布局合理，各部分与单元衔接流畅。同时，每个单元以重点展品与组合展示自然分隔展区，无形中引导观众按顺序参观，又避免展墙分隔带来的生硬感受。展览辅助造型及装饰，穿插于过渡边角及铺陈展线中，配合氛围营造。

　　江苏省美术馆陈同乐研究员就形式设计评论，展览有着极强的特色、特点、特质，整个展览分成三大块和三大色调，内容丰富、展品众多、形式多样、表达多元。微博网友"土云主是个伪学究"称赞道："展线设计、布光、展品质量俱臻上乘，既照顾到了专题性和时间线，也有意地把相同族属和出土地的文物放在一起，不虚此行。"

2.艺术表现

> 照明方面相当棒，亮度、角度都很好地把青铜器的细节更好地呈现。
>
> ——观众

　　"吉金光华"在陈列设计上突出情境化、互动式和智慧化设计。采用多条展线套叠模式，而展线交汇之处构成展览的重点和亮点。注重把握展线节奏，为重点展品保留足够空间。主题色黄色为"大地之色"，也是"吉金"之色，既与主题吻合，又突出山西黄土高原的风土特色。展陈设计中，还引入各种铺陈展示，例如互动大屏、可触摸的仿制品、场景等。

　　本次展览形式设计中的文物光照氛围的营造获得广泛的肯定。网友"以史为鉴V"评论："山西青铜博物馆这展览是真会打光。"网友"遗产君"评论："山西青铜博物馆，青铜器真是又多又好，打光也很高级。"在问卷中，60%以上的观众都认为展厅照明很好，有留言如"整体亮度和氛围已经很好了""照明方面相当棒，亮度角度都很好地把青铜器的细节更好地呈现""文物打光非常好"。

　　一位观众在留言簿中激动地写道："荣光与愤慨共存，这种体验在其他博物馆难以体会到，感谢！夸赞展柜的灯光，明亮不刺眼，夸赞互动项目，不论

图4-24 "探幽寻胜"专题"青铜艺趣"单元

体验感，能有此想法并付诸行动，已属难得，夸赞丰富的展板讲解，获益良多。"

利用现代科技，展览中采用了很多富有科技感、操作便利性和趣味性的铺陈手段。一名家长留言评价展厅内的互动游戏："交互游戏小朋友很喜欢。"一名教师留言："孩子最喜欢交互游戏，在交互游戏中拓宽孩子的知识面！真是眼过千遍不如手过一遍。"另有观众认为："（展厅内播放的）动画较直观，大屏幕触摸体验增加了对文物了解的兴趣""一些器物投影很新颖，很赞""这些展板、说明牌、可触摸复制品、投影等都能让孩子多方面地感受冷冰冰的文物，可以调动其他感官去触碰历史、感知文化，从而愿意进一步去了解中华的文明。这些其实是亮点，挺好""青铜博物馆的新建运用到了很多先进科技投影技术，让人们直观感受很多青铜技艺，还增加了好几场演出，特别给力，增强了游客的互动。"（图4-24）

以上，我们仅仅是节选了众多观众留言中一小部分具有代表性的评价，很多观众对山西青铜博物馆都表现出了极高的参观热情。如有观众通过山西博物院微博平台留言道："山西青铜博物馆，展品之精美，布展之用心，处处是惊喜，满满的感动，值得每个人用心去感受这场青铜历史文化盛宴！今日匆匆而来，改日必定细细品味！"有一位赵姓观众在留言簿这样写道："喜欢这里的一切，青铜文化让我看到了晋国的辉煌。历史的遗迹在这里呈现，踏着青铜文明，我看到了春秋战国的金戈铁马，听到鼓乐声声的文明乐章。醉闻鼓声，感极而泣。吾爱历史，更爱古人的智慧。以我为赵氏的后代而骄傲，历史的灿烂照耀我，为之一振。吾还会再次踏进这里，听闻青铜背后的故事。"还有观众留言："来这里收获很多，看到了我国的青铜文明，为之惊讶，深感对我国文化的喜爱，对先人科学技艺的敬佩。"

有观众对青铜馆的展陈、教育、服务等各方面工作给予了肯定和赞誉，认为山西青铜博物馆在展品的展陈方式和观众互动上也费了很大心思，用科技手段和数字手段"让文物活起来"。一位刘姓观众留言："贵馆能够在开馆之初就同步配套有一系列深受观众喜爱的教育活动，可见在筹建过程中花了很多精力去做研发工作。向工作人员表示敬意！"很多外地观众纷纷表示，希望青铜馆的展览有机会进行巡展，让更多的人看到，进一步充分了解山西厚重的历史文化。

同时，还有很多观众提出不少中肯的建议，我们将其归纳为丰富展览内容、提升服务质量、改善基础设施、扩展文化传播等四个方面。在丰富展览内容方面，如"给生僻字注音，让观众更好地理解""备注各器物的简单用途，以便了解"；在提升服务质量方面，如"四楼和二楼的影像播放时间雷同，让观众同时选择不如错峰播放为好，希望贵馆将两个播放影像时间错开""希望今后可以增加一些青铜乐器的（真人）演奏礼乐之邦文化得以延续，后人从小培养文化自信"；在改善基础设施方面，如"建议厕所增设挂钩""请设置更多休息处"；在扩展文化传播方面，如"建议与隔壁山西省科技馆联动，开展关于实体铸造过程的展示""青铜文明，华夏文明，希望现在能继续发扬光大，多设计点青铜饰品，以便观众留作纪念！"

　　短短的几年时间，山西青铜博物馆走过了一段探索期，接下来便要在平稳的运行中深耕细作。这些满含着社会关注与期待，喜爱与热情的留言，是我们今后努力发展进步的宝贵财富。我们将一如既往地通过各种渠道和手段持续加强与公众的联系，把这些宝贵财富转化为前行的动力，追求公众满意度最大值，努力营造一个有深度、有温度、有热度，深受观众喜爱的博物馆。

Glories of
Bronze Age

结语

续写美好的祈愿

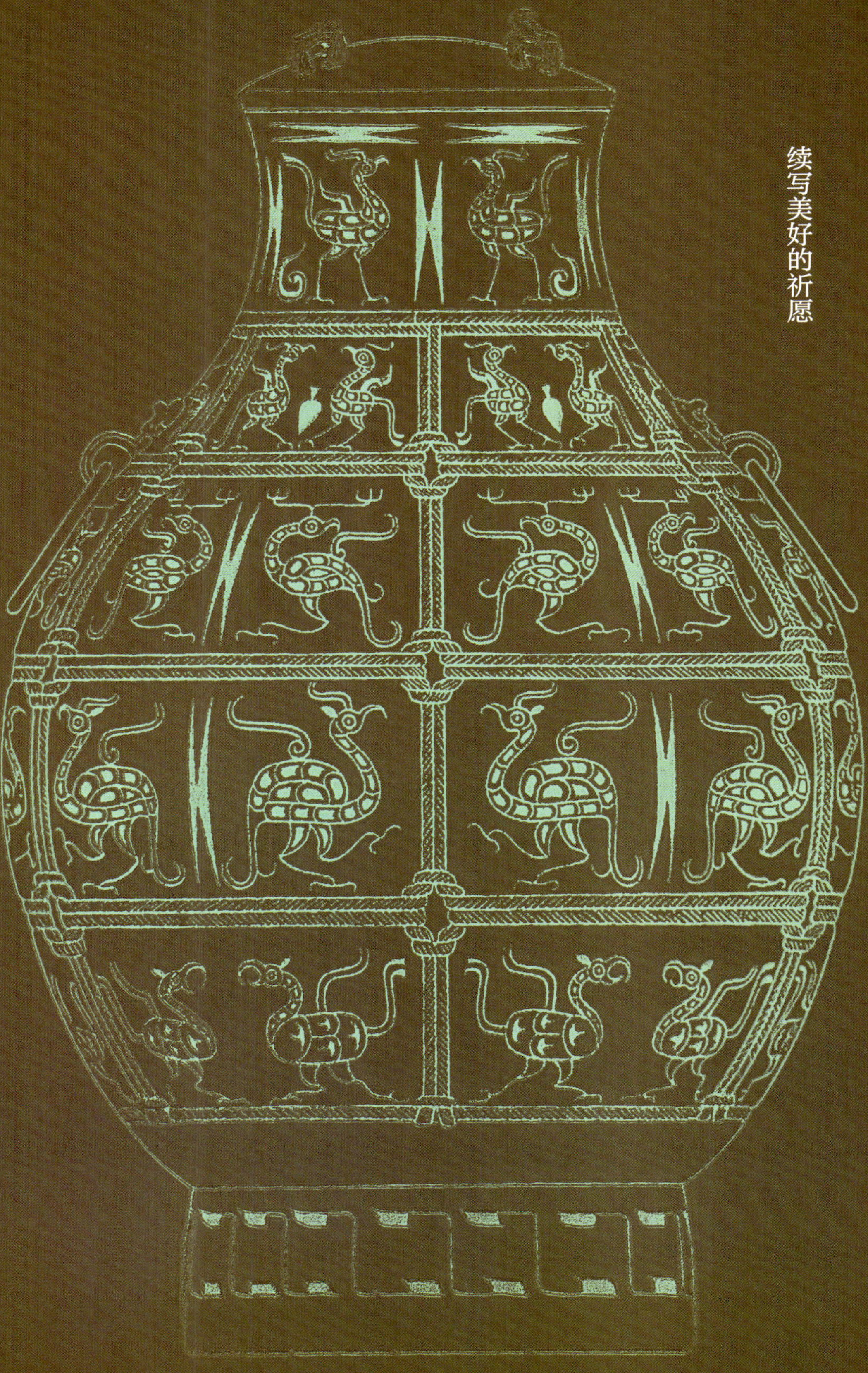

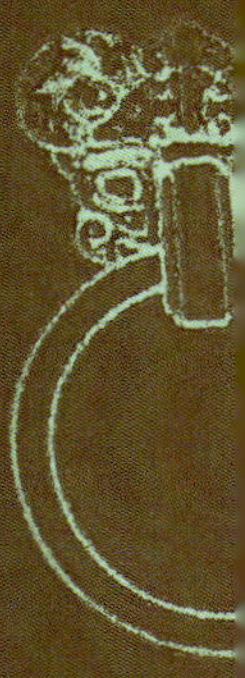

一、情怀·收获

"文物承载灿烂文明,传承历史文化,维系民族精神,是老祖宗留给我们的宝贵遗产。"青铜器就是其中一颗璀璨的明珠。

山西是中国文化遗产大省。新中国考古研究实证了山西有百万年人类史,一万年文化史和五千多年文明史,是中华文明的重要发祥地,是多民族文化交流融合的重要舞台。独特的文化面貌,留存下独特的文物资源。青铜器是山西的特色文物资源。几十年来,经过几代文物工作者的不懈努力,山西在田野考古和青铜研究领域取得了很大成就。特别是进入新时代以来,考古发掘和文物研究不断取得新突破,出现一批重大考古发现和科研成果,为中国上古史、科技史、艺术史的深入研究提供了坚实的考古材料。

山西博物院是山西省最大的以青铜器为主的金属类文物收藏单位,是中国青铜器研究的重要基地。为了贯彻落实党中央和习近平总书记对新时代文物工作的重要批示指示精神和省委、省政府文化强省战略的决策部署,在省文物局的坚强领导下,山西博物院仅用 10 个月时间,就圆满完成了山西青铜博物馆暨"吉金光华"大型基本陈列的建设。

在博物馆建设和基本陈列策划实施期间,从博物馆的规划,到展览的定位、策展思路的确立、文本的论证修改、展览的完善提升等各个环节,都得到了国内顶级青铜研究专家,博物馆、历史、文化和艺术领域的著名专家学者们的鼎力支持。从 2018 年 10 月开始,至 2020 年 9 月完善提升结束,举行的专家论证会难以计数,其中较大规模的有 8 次,分为两个阶段,第一阶段是展陈思路专家论证会 4 次,第二阶段是"吉金光华"基本陈列展览大纲专家论证会 4 次,可以说"吉金光华"基本陈列是凝聚了众多学者智慧和最新研究成果的结晶。

在展览筹备期间，我们得到了太原市文物局和太原博物馆的鼎力支持，有效地保障了各项工作的有序开展；同时，也得到了山西省考古研究所等省内各级文博单位的无私帮助和慷慨奉献，尤其是山西公安机关向省文物局移交了大量珍贵的青铜文物，为"吉金光华"的高标准呈现做出了重要贡献。在这里一并真诚地表达我们的谢意。

科研的目的在于应用。博物馆的职能是向公众传播文化。将科研成果合理转化，为文化传播服务，是博物馆人的职责。多年来，山西博物院始终坚持"开放合作、资源共享、优势互补、协调发展"的理念，不断深化与国内外顶级科研机构和团队的合作，充分发挥各自的学科优势、资源优势和人才优势，进行联合科研攻关，取得了可喜的成绩，山西青铜博物馆暨"吉金光华"基本陈列的圆满完成就是一个很好的实例。我们通过高水平、高强度的工作历练，开阔了视野，提升了科研软实力，促进了青年人才的快速进步。

二、风采·探索

展览是博物馆的灵魂。展览是有个性的。每个展览的呈现，某种意义上可以透露出这个博物馆的风格和气派。好的展览会引起公众的共鸣，会成为博物馆所在城市，乃至全省、全国的文化热点。

一个展览成功与否，有一定的考量指标，比如：一要有高度。即表达正确的价值观。二要有广度。引导观众通过文物个体，引申到宏大的时代叙事中去思考。三要有亮点。即展览的独创性或创新性。四要有深度。有学术深度的展览会引导观众产生对知识的追求。五要有力度。形式设计能够准确阐释展览的内涵。六要有契合度。策展人的思想与观众心灵要能够产生共鸣，即"于我心有戚戚焉"（《孟子·梁惠王》）。七要有拓展度。通过宣传、教育、文创等多种传播方式，最大限度地延长展览的生命力，使展览得以长久地留在人们的记忆中。

虽然工作时间短促，但是我们的团队在很多方面都做出了有益的探索，取得了良好的效果，得到了业界和社会的普遍认可，很多内容细节在前文已经多有涉及。在这里，还想补充在展览工作中总结的几点思考。

第一，明确展览定位。"吉金光华"的定位是利用山西特色青铜文物资源，讲述中国青铜文明的故事。也就是以山西文物阐释中国青铜文明的宏大主题。这个定位是对山西青铜文物资源研究成果进行多方评判的基础上提出的，思路清晰、定位科学，严谨务实。

第二，找准目标人群。"观众看得懂"是博物馆展览贴近社会、贴近大众的重要体现。"吉金光华"作为山西青铜博物馆的常设展览，国家投资巨大，不能仅仅满足专家学者或专业爱好者等小众人群，而是要面向最广大的社会普通公众，这样才能收获最大的社会效益。因此，在保证内容科学性和严谨性的基础上，将高深的学术成果转化为通俗易懂的科普知识，难度以中学生阅读水平为准。文辞简练，点到为止，为感兴趣的观众进一步探究保留适当的空间，尽量避免填鸭式的教学方式。

第三，战略架构多方适应。在第三章第一节"何以立展"内容，我们详细叙述了展览架构和展厅调整过程中的多方适应。"理想很丰满，现实很骨感"，有很多适应和调整也属无奈之举，但办法总比困难多，最后呈现的都是最好的选择。

第四，视觉传达彰显主题。展览策划不仅是科学的呈现，更是艺术的呈现，因而是一个综合性很强的文化工程。策展团队成员不但要具备较强的专业素质，更要具备丰富的综合素养和美学鉴赏能力。展览通过空间布局、色彩、灯光所营造出的展厅氛围，潜移默化地影响观众的心情，或平和，或愉悦，或热烈，或哀伤，或痛苦。

第五，科技赋能跨界拓展。"吉金光华"基本陈列分为两个部分：一是实物展示部分，由 3 个专题构成，即"青铜 + 历史 + 礼制 + 技艺"的形式；另一个是互动教育部分，由 2 个专题构成，即"青铜 + 科技 + 体验 + 教育"的形式。在这里重点讨论一下数字技术在文物展览中的运用问题。

近年来，数字多媒体技术已经越来越多地被运用在博物馆陈列展览中，既补充了实物展示的不足，更为公众带来博物馆文化的全新体验。属于互动教育部分的"数字青铜"专题，借助数字化多媒体技术，以沉浸式体验的方式，普及科学知识，让文物"活"起来。2019 年开馆以来，其受到了广大观众，尤其是青少年观众的喜爱和好评，他们普遍认为，自己在不知不觉中受到了中国青铜文化的熏陶。

多媒体新技术在青铜文物展示中的合理运用，使展览的历史叙事更加立体化、多维化，观众也更加有融入感。但是，数字多媒体作为一种展览内容的表现手段，必须服务于展览的展示逻辑和表达诉求，否则就会成为炫耀新技术的"展销会"，缺乏生命力，注定不会长远。

第六，严谨高效的运行管理是展览成功的有力后盾。前面我们谈了很多对展览本身的思考，实际上，一座博物馆的建设和一个大型展览的实施，没有一个严谨高效的行政运行团队的默默奉献，一切皆为空谈。2018 年 12 月，筹备工作办公室成立，下设 8 个工作组中有 3 个组负责行政运行，即行政组、财务组和人事组，从行政管理、人员配置、资金使用和后勤保障等方面给予有力支持；另设有监督组，把好筹备阶段人、财、物的红线。严谨高效的运行管理，成为青铜博物馆建设和"吉金光华"基本陈列高质高效圆满完成的有力后盾。

三、成长·启航

　　展览的开幕，并不代表着工作的结束，而是意味着一个全新的起点。围绕基本陈列，我们要继续策划通过不同的方式传播青铜文化，实现古老文化当代价值的转化，让"吉金光华"始终保持强大的生命力和向心力，"活"得更精彩。

　　我们清醒地认识到，由于筹备时间短，经验不足，"吉金光华"基本陈列还存在许多问题和遗憾，需要在工作中不断地学习、完善和提升。未来的发展应当是通过收藏、研究、展示、教育、宣传一体化建设，探索一条青铜特色专题博物馆的发展之路。我们将始终围绕"专题"二字做文章，研究、展览和教育紧密结合，打造多层立体式的文化传播体系。诚恳希望能够继续得到社会各界一如既往的关心和帮助，共同呵护我们成长。

　　文明的传承离不开文明守望者的不懈努力，常见于西周青铜器上的"子子孙孙永宝用"铭文，正是我们弘扬中华优秀传统文化，汲取发展力量的美好祈愿。山西青铜博物馆将持续致力于为公众搭建一处有趣味、有故事、有温度的传播平台，推进文化自信自强，为中华民族的伟大复兴贡献力量。

后 记

从 2018 年 10 月开始启动山西青铜博物馆的建设，至 2019 年 7 月 27 日开馆，"吉金光华"基本陈列也同时开放。在 10 个月时间内完成既定目标，除了各级领导和各有关单位的大力支持外，我们在团队构成、工作模式、施工管理等各个环节都力求精准衔接，有力地保障了该项目的高标准实现。其间我们也经历了很多困难，积累了许多经验，这些都是我们的珍贵财富。

感谢中国博物馆协会并刘曙光理事长，为我们搭建了一个高标准平台，推动我们将展览背后的策展经历、理念探索等工作实践中的思考和对策，以策展笔记的形式进行总结，为同类性质博物馆的建设和基本陈列的策划实施提供有益的参考。

博物馆建设和展览策划实施是一项复杂的系统工程，是不同角色编排演出的一场大戏。同样，撰写这本书也需要群策群力才能实现。为了高质高效地完成策展笔记的编撰工作，我们专门成立了工作小组，每个人根据不同章节的内容汇集整理了珍贵的第一手资料，如：第一章由卢文雨负责；第二章由刘玉华负责；第三章的"何以立展"部分由韩炳华负责，"何以呈展"部分由郭志成和史倩羽负责；第四章由任晓晶和田银梅负责；第五章由杨敬和梁育军负责。山西博物院副院长赵志明和青铜馆部主任梁育军也多次对书稿进行修改和润色。书中的实景图片主要由胡远嘉、厉晋春、秦剑，以及山西帛瑶文化传媒有限公司的摄影团队拍摄；相关设计图和手绘稿等由广东集美设计工程有限公司、北京清尚建筑装饰工程有限公司等单位提供。还有很多朋友提供了宝贵的意见、建议和图片，为本书增添光彩。浙江大学艺术与考古学院"百人计划"研究员毛若寒博士、浙江大学出版社的陈佩钰和杨茜两位编辑，都为本书的付梓付出了辛勤的劳动。

最后，衷心感谢为山西青铜博物馆的建设和展览策划实施，以及为本书的编撰出版付出智慧和辛劳的各位朋友。